未来を創る

「攻め」の決断の先に見えるもの

連続起業家
川口篤史

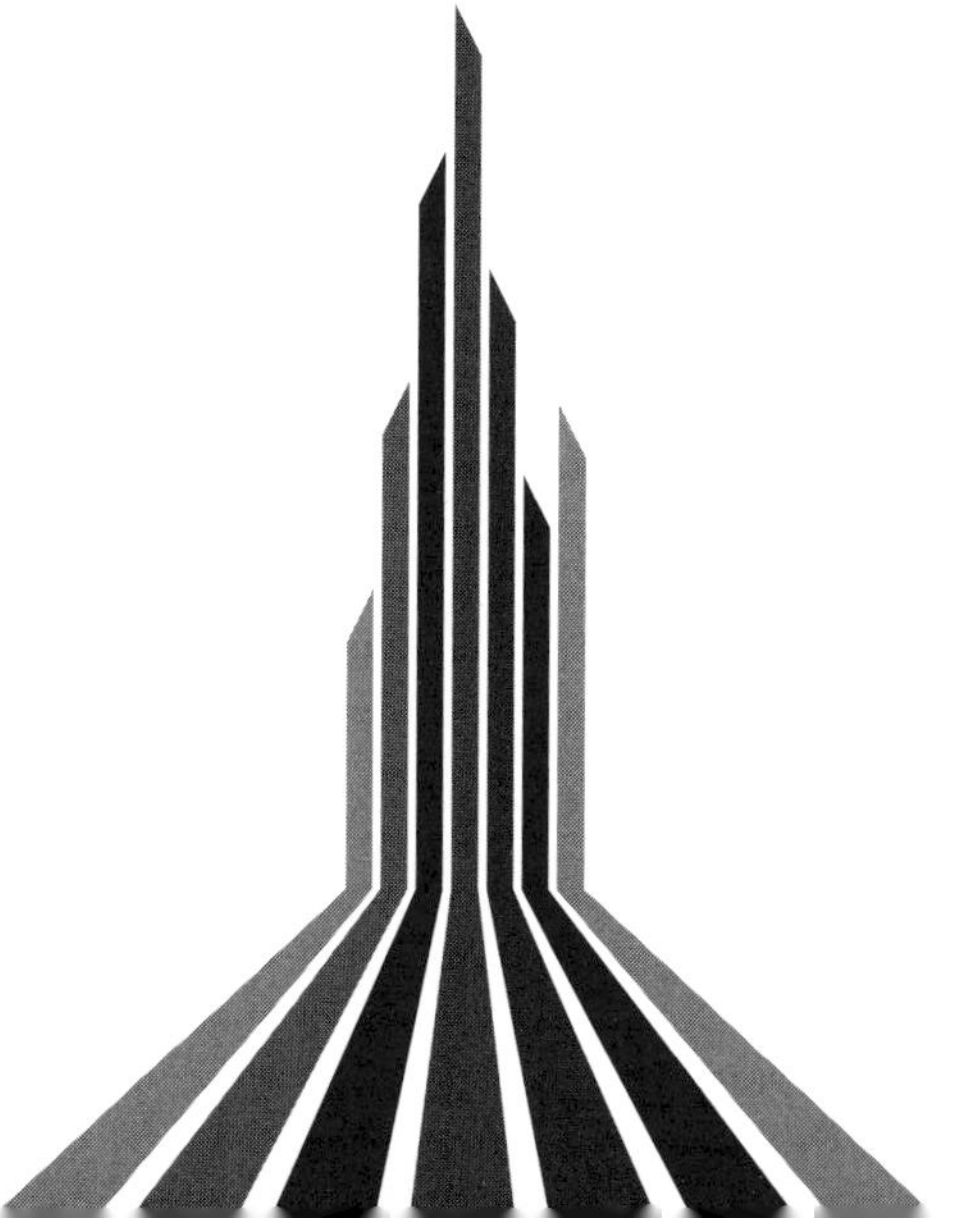

まえがき

僕は小学校1年生のとき、自転車で交通事故に遭いました。

明確には覚えていないのですが、横断歩道を自転車で渡る際、停止してくれた車の脇を別の車が通り抜けたのです。車のスピードはそれほど出ていなかったと思いますが、衝突し、救急車で運ばれました。今思えば、僕が完全に前方不注意だったと思います。

時が過ぎ、親戚から聞いた話ですが、高校生だった僕のいとこが同時期にバイクで交通事故に遭い亡くなったそうです。今、自分勝手に解釈すると、ご先祖様に生かされていると感じています。だから、今をしっかりと生きてご先祖様に恥じない人生を送りたいと考えています。

しかし、僕は20代前半くらいまで、将来的に人生を豊かにしたいとか、人生設計のような考えを持つことなく、そのときを何となく漠然と生きていました。当時を振り返ってみると、いざとなれば家業の喫茶店を継げばいいという考えが頭にあったのかもしれません。当時、豊かな人生に導こうとしてくれた方たちがいたにもかかわらず、若い僕は、一生懸命頑張るのがカッコ悪いとまで思っていたのです。今思えば、いわゆる反抗期だったのかもしれません。本当に愚かだったと反省しますが、高い学歴や経歴がものを言う社会で、プラスに働くような道のりを自ら歩もうとしなかったのです。

社会人として経験を重ねていく中で、さまざまな人たちとの出会いがありました。その人たちの人生から学び、自らも階段を一段一段上がっていれば、今頃は素晴らしい人生が待っていたのではないかと後悔することも度々ありました。

しかし、いずれにしても、もう過去は変えることができません。

今、49歳の僕ではありますが、自分自身と真剣に向き合い、全力で残りの人生を豊かにしたいと毎日必死で生きています。

人は皆、それぞれ、複雑で難しい問題を抱えていると思います。成功の過程を歩んでいる方たちでも、「この道が正しかったのか、もしかしたら間違っているのではないか」と考えているかもしれません。エリート街道を順調に歩んだものの、そのプレッシャーに屈して挫折してしまった方もいるかもしれません。

思いつめた末に、人の道から外れた選択をしてしまう人もいるかもしれません。本当に悲しいニュースは毎日のように流れてきます。

僕自身、精神的にとても参ってしまい、「これからのことを何も考えなくてよいのならどんなに楽だろうか」などと考えた時期もありました。心が萎縮して視野がとても狭くなり、マイナスの感情がどんどん溢れ出てきて、「もうダメなんじゃないか」といった、辛い感情ばかり抱いてしまっていたのです。

そんなとき、「このまま、もうどうなっても仕方がない……などと考えるくらいなら、何だってできるじゃないか。もう少し頑張ってみよう」と思うようになり、思考を切り替えることができました。考えを変えたことで、今を全力で生きるという感情がどんどん湧くようになり、僕なりにできる精一杯を心掛けるようになったのです。

すると周りの人たちとも良い連鎖が生まれてきます。そして偶然という運も味方につけながら、試行錯誤の末に日本で最高金額のふるさと納税返礼品（2022年11月現在）というキラーコンテンツを世の中に送り出すことができたのです。

この場所にたどり着くまでには、反対する人や陰口を叩く人がたくさんいました。ネガティブな圧力によって、何度も心が折れそうになって、人に会うことが辛いと思った時期もありました。しかし、そんな辛い時期を経験したからこそ、人生の主役は、間違いなく自分自身であって、何を決めるのも自分自身であるという心境にたどり着くことができたのだと確信しています。

他人のせいでくじけてしまっては、自分が主役の物語が台無しになってしまいます。僕が主役として、最高のクライマックスに向けてどう物語を展開していくのがよいのかを考えていかなければならないのです。

「僕の人生」という物語には、必ずその目的を邪魔する多種多様な敵キャラが登場します。そんな敵キャラを撃退するのか、もしくは敵キャラに屈して手下になり下がってしまうのか、はたまたその敵キャラを味方につけて、チームとして共に目的を達成するのか……。決めるのは主役である自分自身です。

人生は、道にたとえられることがよくありますが、ただひたすら真っ直ぐで何の障害もない道＝人生を歩いて余裕でゴール、なんてことは絶対にありません。上り坂もあり、下り坂もある。大きな石がゴロゴロしていて歩きにくい道や、泥でぬかるんでいて足を取られてたった一歩ですら進みにくい道、そして必ず分かれ道もあります。しかもその分かれ道が2本ではなく3本、4本と分かれていることもあるでしょう。たとえ選んだ道が間違っていたとしても、その道でしか見られない光景や歩んだ経験は、決して無駄になることはありません。岐路の先にはそれぞれに違う光景が広がっていることでしょう。

道の途中では、仲間になってくれる人も現れることでしょう。いわば人生においてのキーマンです。キーマンは、人生の岐路に立ったときに正しい道へと誘《いざな》ってくれる、まさしく「救世主」ともいえる存在です。

今、あなたが40代、50代、60代だったとして、とても辛い状況にいて、間違えた道を歩んでしまったのではないかと考えているとしても、「今からでも変われるんだ」と希望を持ち続けることによって、これからの人生を好転させることができると僕は信じています。苦難を乗り越えた経験値があるからこそ、良い展開に変化していくのだろうと思います。

僕が特に意識しているのは、気持ちです。とにかく気持ちだけはポジティブに持っていかないと、というか気持ちで人生の全てが決まるのです。難しいかもしれませんが、この気持ちを大切にして今日を迎えましょう。

本書がその一助となれば、望外の喜びです。

未来を創る

目次

後編　マインド

学ぶということ　88

働くということ　97

心に決めていること 108

人と関わるということ

挑戦し続けるということ

前編

僕の人生

ふるさと納税「日本最高額」

2022年1月21日、栃木県矢板市役所にて、定例記者会見が始まった。この記者会見は、矢板市の取り組みを発表するもので、毎月行われている。

しかし、今回はいつもの定例記者会見とは様子が違う。全国紙をはじめとした報道陣が大勢集まり、市役所職員たちも心なしか落ち着かない様子に見える。

この定例記者会見の壇上の、人一倍緊張した人物――それが僕だ。なぜ、一企業の経営者である僕がこのような場所にいるのか。

その理由は、ふるさと納税の返礼品として、自社開発した鉄筋コンクリート製の「地下型防災シェルター」が採用され、実際に納税者が現れたからだ。

この返礼品を受け取るには、1億円もの多額の寄付が必要になる。ふるさと納税返礼品としては「最高額」（2020年8月登録時）で、実際に2021年12月に1億円の寄付が矢板市に寄せられ、ついに成約となったのだった。

2022年11月現在、実際に成立した「最高額」の返礼品として、この記録は破られていない。

　全国紙をはじめとする新聞社、テレビ、ラジオといった報道陣に囲まれ、ものすごいフラッシュとシャッター音に包まれるという、僕にとっては人生初の大舞台だった。こういう体験はなかなかできるものではない。

　市長から名前を呼ばれ、僕が開発した防災シェルターの記者会見が始まる。緊張をやわらげようと、大きく深呼吸をして会見に臨んだ。生まれて初めての記者会見で勝手が分からないながらも、僕の気持ちを精一杯、言葉にしたつもりだ。

　設計事務所に検証を依頼し、機能や耐えられる基準を設け、構造は鉄筋コンクリート製、コンクリートの厚さは30センチメートル、地下型は二重構造、放射能も除去するイスラエル製の特殊フィルターや停電の際に安心な蓄電池、水が使えなくても使用できるバイオマストイレを標準装備しているなど、商品の仕様について詳細に説明した。

　そして、この商品を生み出した背景にある「思い」についても語った。

建設業界では終わりの見えない価格競争が激化しているが、経費削減には限界があるということ。価格が合わないからと一度でも請け負わなければ、見積りを提出する土俵にすら上がれなくなってしまう可能性があるということ。その恐怖と戦いながら、苦しい営業を続けていくのが正しいのかという問題意識からたどり着いた一つの答えが、新商品を開発して価格競争の最前線で戦わなくてもよい体制に変えること、などだ。

記者会見の翌日から数日間にわたって、朝日新聞、産経新聞、毎日新聞、読売新聞をはじめとする新聞各紙、日本テレビやテレビ朝日といったテレビ局、ラジオ局で大きく報じられた。インターネットでは、Yahoo!ニュースやMicrosoft Edgeなどでニュース記事が掲載された。

この一件は、48年間の人生の全てを肯定されたような感覚を覚える出来事となった。「よし、ここからがスタートだ！」と声を出して、自分で自分を認めることができたのだった。

人生の分岐点

今振り返ってみると、ここまでの人生に至るまで、本当にさまざまなことがあった。一番の分岐点と言えば、１９９０年7月だったかもしれない。

17歳の高校3年生の夏休み前日。終業式が終わり、明日から夏休みというワクワク感と、ガソリンスタンドでのアルバイトが始まることの憂鬱を、交互に感じていた。

一人で学校からバス停まで歩いていると、友達が原付バイクで横を通り、「乗っていく?」と僕に声を掛けてきた。僕は、「サンキュー」と言って、シート後部にまたがった。

当時通っていた高校は普通科と商業科があり、僕は親が自営業ということもあって商業科を選択していた。父親が、田舎には珍しくバンドがライブをできる喫茶店を経営していたことから、高校卒業後には、親のコネでコーヒー豆のルート販売の仕事に就くことになっていた。当時は地元から大学に進学する人は少ない状況で、卒業後に就職するのが一般的だったということもある。

高校時代の僕は素行が悪く、何度も停学になっていて、「謹慎室」と呼ばれる別室で自習と反省文を書くことを何度かやってきた。そのため担任から、今度何か問題を起こしたら退学だと言われていた。

もうお分かりだと思うが、原付バイクに二人乗りしているところを先生に見つかり、退学を宣告されたのだ……。

夏休みの初日に担任と校長のところに行き、「何とか卒業させてください」とお願いしたものの、受け入れられることはなく、結局は高校3年生の夏休みが終わりのこない夏休みになってしまったのだった。

気まずかったが、父親にこの件を報告した。

もちろん、就職の話もなくなる。内定先の会社には父親から謝罪してもらった。

僕の行動が招いたこととはいえ、これからどうすればよいのか……。切羽詰まった僕は、夏休みの間だけアルバイトをするつもりでいたガソリンスタンドの店長に、「高校を退学になってしまったので就職させてください」とお願いした。すると、こんな僕を、ガソリンスタンドの会社は受け入れてくれた。本当に感謝しかない。

社会人として働く

ガソリンスタンドの仕事ではさまざまな方にお会いすることができて、学生時代には味わうことができない刺激を受ける日々だった。

当時は、給料のほとんどを車に注ぎ込んで改造している若者が多く、車高を下げたり、大きな音が出るマフラーを装着したりした車が普通に走っていた。また、お客様には中小企業の社長も多く、発売されたばかりの高級車を見せてもらったり、運転席に座らせてもらったり、事細かく車の装備などを説明してもらったりもした。

仕事にも慣れてきてそれなりに充実していたある日、知人から「建設業で働いてみないか」と誘われた。

ガソリンスタンドでも月給18万円くらいはもらっていたし、人間関係も良好だったので、18歳の僕としてはそれなりに満足していたが、建設業では日給1万円以上もらえるという話を聞いて気持ちが揺らいだ。

当時はまだ土曜日が通常の勤務日だったので、「1カ月で25日働けば、25万円以上ももらえる！」と考えたからだ。

その頃の僕には、建設業は厳しい業界だという勝手な思い込みがあった。高校中退の僕には何も取り柄がなかった。そんな僕もほかの人より稼げるようになりたいという強い思いがあり、大変お世話になったにもかかわらず、ガソリンスタンドをわずか1年2カ月で退職し、建設業界に飛び込んだ。

今思えば18歳と若く、未熟な判断だった。突然退職すると言い出したことで、ガソリンスタンドでお世話になった方たちには申しわけないことをしてしまったと反省している。

もし仮に高校を無事に卒業していたのならば、建設業界には絶対に入っていなかっただろう。体も強いほうではなかったし、何より怖い印象もあった。

当時の建設業界は、安全面などはかなり甘く、ヘルメットのアゴ紐をしている人は少数というか、現場監督くらい。職人は、ヘルメットを頭にのせているだけだった。服装は「地下足袋」と呼ばれる靴下に薄いゴム底が付いただけのような履物と、昔のテレビ番組のコントで見かけたような、イカのようなズボンに「ダボシャツ」と呼ばれる七分袖の肌着のような格好で、肩と腕から入れ墨が見えている方がとても多かった。冬場は「ドカジャン」と呼ばれる襟にボアが付いている揃いのジャンパーをみんなが着ていた。

流行っていたのか髪型はパンチパーマ、首から太い18金のネックレスを下げているヤンキー上がりや、反社会的勢力かのような風貌の方々が多かった。

厳《いか》つい見た目とは裏腹に、みんな若い僕に対してとても優しく接してくれたが、職人たちは皆くわえたばこで作業をして、休憩時間になると花札を始めて、挙げ句の果てには殴り合いのケンカに発展するという場面にも度々遭遇した。

職人は基本的には現場へは直行直帰であいのりだった。運転手の方が職人の自宅を数件回って迎えに行き、現場に向かう。帰りも基本的には同じだが、近くのスーパーに立ち寄ってアルコール飲料とつまみを買って、車内で宴会をした記憶がある。

職人たちの中には、さまざまな理由で刑務所に服役していた人もおり、実際にこんな世界があるのかと衝撃を受けた。

最初に行った仕事場は、リゾート地での高層マンションの建築現場だった。初めて高所で作業したときは本当に足がすくんでしまい、怖くて作業どころではなく四つん這いになってゆっくり移動するのが精一杯だった。

僕が所属していたのは、建設業界の中の鉄筋工事業界（通称・鉄筋工）という分野に当たる。ちなみに鉄筋工事とは、鉄筋コンクリート造の建物に入っている鉄筋部分を図面通りに拾い出し、実際に図面にピッタリと合う寸法に加工して、針金のようなもので鉄筋と鉄筋の交差部をクルクルと縛って組み立てていく工種だ。現在では、結束機という自動で結束してくれる機械による作業が主流になっている。

ちなみに鉄筋はとても長く、高所に移動させるときなどはクレーンで持ち上げるのだが、同じフロアで水平移動させる場合には、肩に担いで施工場所に移動させなければならない。

新人の頃は、鉄筋を肩に担いで移動させる仕事を任されることが多く、重いときで70キログラムくらいの鉄筋を一日中肩に担いでいた。そのおかげもあって肩と腰はかなり鍛えられたし、よく整骨院にも通った。そして、毎日筋肉痛にもなった。

熟練の職人の中には、肩が進化したのか大きなこぶができている方もいた。

当初は建設業界に対して怖いと思っていたが、実際に体を動かして働き、周囲の人たちと交流する中で、その印象は変わっていった。組織のカラーに自分を合わせて働くような会社勤めよりも、こちらのほうが僕の性分には合っているとさえ思うようになっていた。

独立のきっかけ

僕が20歳頃から始めた趣味がある。

レコードを2枚同時にかけて曲をシンクロさせたり、曲の切れ目をなくしたり、効果音を入れたり――そうＤＪだ。

初めてクラブに行ったときに衝撃が走った。

「なんてカッコいいんだろう」。翌日には電気屋さんに行って、総額30万円をかけて機材一式を購入した。

それからというもの、週末になると渋谷のレコード店に通っては、「ジャケ買い」。レコードジャケットのデザインがカッコいいと思うもの、曲に対するコメントなどを参考にしては購入していた。そして自宅でひたすらレコードをかけて練習する。当時は、そのＤＪプレイをカセットテープに録音して、車でいつも聞いていた。

そんな日々が3年くらい経過した後、先輩が主催したダンスパーティーがあり、そこでレコードを回す機会をもらった。僕がかけた曲で、ダンスフロアの人たちが踊っている姿を目の当たりにして、今まで感じたことのない感覚を覚えた。

その後は、先輩が経営するバーで定期的にＤＪをさせてもらえるようになった。ライブができる喫茶店を経営していた父親の影響もあったかもしれないが、ＤＪに関連する業界で働きたいという気持ちが芽生えていった。

建設業界での仕事はいつしか5年以上が経過し、小規模の現場は任せてもらえるくらいの実力はついてきたと感じていた。仕事もとても面白く、一生懸命やればやるほど目に見える形で進んでいくので、このまま現場をまとめる職長になるのもいいかもしれないという気持ちもあった。

その一方で、24歳になったばかりの僕は、この仕事をこれから先も長く続けるかどうかについて深く考えていたわけではなかった。ＤＪに関連する仕事へのあこがれも捨てきれなかったからだ。

しかも建設業界特有の、仕事をしたい日は出勤して休みたいと思う日は休む、というような環境に対する疑問もあったかもしれない。今では信じられないが、雨の日は休んでパチンコに行くなんていう話をよく聞いたものだ。

そんな気持ちが定まらないフワフワした状態のとき、渋谷のクラブの店長から「うちのクラブで定期的に回してみない？」と誘われた。

「これはすごいチャンスだ」と思った僕は、渋谷のクラブで働いてみたいと考えるようになり、親方に「東京で働きたいから辞めたい」と相談してみた。

すると、親方は次のような言葉を掛けてくれた。

「よく考えたほうがいい。学歴もないのに東京に行っても、結果を残せずに数年で地元に帰ってくる人がほとんどだ。せっかく仕事を覚えたのだから、これからの人生で結果を残せるのは、この仕事しかないんじゃないのか。そうだ、一人親方として独立してみないか、サポートはできる限りするから。しかも県内では最年少での独立になるんじゃないか」

ちなみに一人親方とは、労働者を雇用せずに、自分自身で事業を行う事業主のことを言う。この話を聞いて、衝撃が走った。独立して自分で稼ぐという選択肢は、24歳の若い僕には考えもつかないことだったからだ。

「親方の言うとおり、東京で失敗して尻尾を巻いて実家に戻ることになったらカッコ悪い。この先中途半端でどうなるか分からなくなるよりも、一人親方として独立したほうがいいかもしれない」

そう考え抜いて、1997年に「一人親方」としての独り立ちを決意した。

一人親方として独立するということは、現場で使用する道具は自分持ちになるということだ。数十万円かけて現場で使用する道具一式を最小限揃え、車検が少し残っていたボロボロの中古の軽自動車を購入した。

現場の進め方に関しては分からないことだらけで、工程に間に合わせるため、歩掛り《ぶがか》

（少しでも多く数量を請け負うと、そのまま月給に反映される）を伸ばすために、がむしゃらに奮闘し、努力を惜しまなかった。朝も夜も土日も関係なく、現場で駆けずり回っていた。図面から鉄筋を拾い出し、一人で組み立てる。社員の頃は親方に甘えていた部分も多かったが、これからは全て僕の責任。間違えでもしたら本当に大変だ。

神経をすり減らし、全力で仕事に打ち込んでいると、小規模だが一つの現場の鉄筋工事を一人で完成させることができ、1カ月後に最初の成果が出た。月収50万円は24歳の僕にとってかなりの大金だった。当時はまだ振り込みという手段は少なく、現金で受け取る形式だった。封筒の重みを感じると、急いで通帳に入金した。

現場監督の温かい見守りを受けながら、その後も、何でも一人で必死に頑張ってきたが、少しずつ大きな現場を任せてもらえるようになると、一人で現場を組み上げることが難しくなってきた。知り合いの伝手《つて》で一人ずつ仲間を増やし、2000年の27歳のときには総勢7人で法人を設立することができた。

東京に行くか、地元で個人事業主として独立するか、で迷ったときに個人事業主を選択したのは、今となってはとても良かった。もしかしたら渋谷のクラブでDJとして有名になったり、大きな大会で成績を残せたら全然違う人生だったのかもしれない。もちろん、そうなれるとは限らないし、DJの流行も数年でピークアウトしている。最悪な場合はまともに就職できず、フリーターになっていたかもしれない。

建設業の構図

僕が関わっている鉄筋工事は大型物件が多いため、主に公共物件や民間物件を例に、建設業の構図について、仕事で見聞きしてきた範囲でご説明させていただきたい。

建物などの構造物を建てる際には、設計のコンペがある。コンペに勝ち抜いた設計業者の設計を基に、今度は建設業者（元請け業者）の入札がある。元請け業者は細分化された専門業者各社から見積りを取り、合計金額に自社の経費を乗せて札入れをする。

お客様（発注者）は見積り金額と、建設業者の工事実績などを加味した上で、発注先（元請け業者）を最終的に決定する。

工事請負体制は、元請け業者（ゼネコン）→1次下請け（専門工事業者）→2次下請け

↓3次下請けという縦割りの構造になっており、数字が大きくなるほど小規模事業者となる。通称〝孫請け〟とも呼ばれる。

1次下請けの専門工事業者は、元請け業者から見積り依頼がくると、数量などの積算（図面から、その工種の施工数量を算出すること）を行い、見積りを提出する。

建設業界は、売上高が大きくなる反面、とにかく価格に厳しい。そのことが1次下請けでは特に顕著に表れる。それが大型物件になるとさらにまとめて何百万円も引かれて契約になってしまうことも普通にある。

業界特有の慣例の一つに、「NET金額」と呼ばれるものがある。多少の費用の増加があっても細かく計算せずに値引きした金額を提示しなければいけないということだ。語源は網に引っかかるギリギリの総額という意味のようだ。

無事に落札した元請け業者より、入札の際、この金額で入札してしまったので合わせることは難しいかとやんわり伝えられ、「指値《さしね》」と呼ばれる金額を提示されることもある（こちらは法律違反なので原則はNG）。その金額が原価を大きく下回ってくる。このとても大きな乖離《かいり》を埋めるために企業努力という名のガマンをするか、または断るか……。万が一断るという選択をした場合、次からは一番札（一番にくじが引けるという意味）ではなくなってしまう。したがって、その最安値で請け負い、工事を無事に全うした会社が今後の一番札になる。

株式上場しているような大手の元請け業者（ゼネコン）には、協力会という組織が存在し、その組織に入会できれば優先的に仕事を適正価格に近い金額で回してもらえる可能性もあるが、基本的に民間の案件だとなかなかそう上手くはいかない。施工業者（1次下請けなどが該当）の見積りを3社依頼して、最終的に一番安い業者に発注する形を採用するケースが多いのではないだろうか。

悪い例を出すと、A社、B社、C社の3社に見積りを依頼するとする。その結果、一番安い見積りを出してきたC社ではなく、実績面で優れているA社に本当は仕事を依頼したいと思っている場合、A社に対して「C社の金額が最安値だった。無理なお願いは承知の上でこの最安値より10万円下げた金額で御社に発注したい」といった交渉が行われることもある。

あくまで架空の話ではあるが、C社がA社を潰すためにあり得ない安い金額を入れればA社は苦しむことになる。大袈裟かもしれないが、現実にこれに似たような事例が多く存在すると僕は感じている。

元請け業者が入札に参加する際には、評価点が存在する。価格だけではなく、施工実績や管理技術者の資格保有などさまざまな会社の強みが評価の対象になる。1次下請け業者に対しても、評価点のような仕組みが適用されれば、この業界も少しずつ良くなるのではないかと感じている。

もちろん、1次下請けからすれば全力で元請け業者のニーズに合う提案をするのが正しい選択かもしれないが、そこはなかなか難しいと僕個人は考えている。僕としては本当に一生懸命そろばんを弾いて、当社にとってのベストプライスを提示しているつもりだ。

転換期

27歳で法人を設立したばかりの僕は、本当にまだまだ子供だった。法人を設立した気負いもあったかもしれない。人を束ねる力が弱く、請負金額と人件費の狭間で葛藤し、仲間とケンカすることも多く、それで一気に4人辞めてしまい、僕を含めて3人になってしまったときがあった。人を雇用するというのは本当に難しいと考えさせられた。

これはあくまで僕自身の考え方だが、厳しくしても優しくしても長続きしない人はしない。同じくらいの年齢の人に指摘されれば面白くないだろうし、そうかといって優しくしすぎても仕事として成立しない気がする。

同じ立ち位置でビジョンを共有できていれば、このようなことは起こらなかったかもしれない。しっかりとした組織ができていなかったということなのだろう。

当時の僕の会社は、2次下請けの立場で、工場（資材置き場）を持たずに1次下請けの会社から手間のみを請け負っていた。

1次下請けとして工場（資材置き場）を所有して、建設会社（ゼネコン）から直接受注できるようになりたいと、中古車オークションで4トンの小型移動式クレーン（トラックの荷物を下ろす際に使用する小型のクレーンのこと）付きトラックを100万円以内で落札することを目標に進めていった。そして、実質予算以内でまあまあ使える4トン小型移動式クレーン付きトラックを購入できた。

次に安く借りられる更地を探したところ、知り合いから３００坪の土地を薦められた。借り賃は月2万円と格安だったが、当然ながらそれには理由がある。間口が狭く、大型トレーラーは入れず、ようやく大型トラックが入れるかどうかという感じだった。

あとは鉄筋を加工する機械を中古で揃えた。

これらの見積り書をまとめた金額と、全く事業計画書とは呼べない程度の箇条書きでまとめた資料と今後のビジョンを持って、銀行の担当者に熱い思いを話した。すると、思いがどうにか伝わったのか、銀行担当者も全面的に協力してくれた。

約１０００万円を融資してもらい、十分とはいかないが1次下請けの体制を何とか整えることができた。融資金額を１０００万円に設定した理由は、借入れは多くても年商の3分の1程度にしたほうがいいと金融に詳しい方からアドバイスをもらっていたからだった。

当時の年商は手間請負で何とか３０００万円程度、仕事もなかなかもらえずに、かなり苦しい状況が続いた。２００３年、30歳のときのことだった。

油断が招いた事故

ある日、仕事で小さなトラブルが続いたときに、僕は4トントラックを運転しながら資金繰りや今後についてボーッと考えていた。すると狭い農道を走っていた際に「ズドン！」と大きな音がして前輪タイヤを側溝に脱輪させてしまった。びっくりしたが、すぐに何とかなるだろうと考えた。

4トントラックには、小型移動式クレーンと「アウトリガー」と呼ばれる、トラックが倒れないように支える足のような装置がある。こちらを最大限に張り出してタイヤを浮かせれば何とかなるのではないかと安易に考えたのだ。

しかし、実際はそう甘くはなかった。4トントラックは積載重量も含めて約7トンあり、そう簡単には上がらない。一人ではどうにもならなかった。

その日は大雨が降っていたのと人々の帰宅時間が重なっていたため、渋滞も引き起こしている。とどめには雨で濡れた携帯電話が使えない状態になってしまった。

どうしようかと考えているとき、たまたま歩いて行ける距離に同業の会社があったので歩いて訪問し、大型トラックで吊り上げてもらうように頼んだ。同業者から了承をもらい道路を片側交互通行にして、小型移動式クレーンで引き上げる作業に入った。

片輪を少し持ち上げるだけだから大丈夫だと思っていたが、その小型移動式クレーンの最大荷重は2・98トンなので吊り上げられなかった。吊り上げられないどころかクレーンのアーム部分がなんとポキッと折れてしまったのだ……。

一旦同業者の大型トラックを戻してもらい、大きなクレーンを業者に急遽依頼し、夜間に通行止めにしてトラックの引き上げ作業を行った。少しボーッと考え事をしていただけでこんなにも大事になるなんて想像できなかったが、実際に起こってしまった。

事故とは本当に恐ろしいものだと痛感した。

その後、同業者とクレーン業者のもとへ謝罪に伺った。幸いにして、4トントラックに故障はなかったが、同業者のクレーンの修理代とクレーン依頼で100万円も掛かってしまった。当時、全くお金がなかったので同業者にお願いをして、月2万円の50回払いで支払いをさせていただいた。

こちらからのお願いを全て了承いただいて感謝しかない。

成長期

初めて元請け業者（ゼネコン）から仕事の依頼があったときのことは、今でもハッキリ覚えている。

小規模の案件だったが、実績がない僕を指名してくださったのだ。現在でも大変お世話になっている建設会社の建築部長だ。何かあったらいつも相談している。

出会いは僕が独立する前の22、23歳の頃、僕が職長補佐という立場で建設現場に従事しているときだった。彼は、社会人2年目くらいだったと記憶している。その後、さまざまな現場で一緒になる機会が増えて意気投合した。僕が独立してまだ鉄筋の材料を買う信用がなかったときには、鉄筋も支給してくれた人だ。

そこから徐々に仕事がもらえるようになり、仲間も少しずつ増えていった。一人親方のときの年商は平均して1000万円弱だったが、そこから法人化し、機材を揃え、7

〜8年経過して年商1億円以上売り上げられるようになり、パートの事務員さんを雇用することもできたことから、ずいぶんと会社らしくなってきたように感じられた。

その頃はほぼ休みもなく、事務所で2〜3時間仮眠し、自宅ではお風呂に入って軽食をとるだけの生活だった。


次に、僕にとって、大きな飛躍のきっかけとなった方との出会いについてお話ししたい。

当時はまだ仕事の半分以上が2次下請けで、駅の再開発事業で超高層マンションの請負をしていた。その現場に、配筋検査をする設計の先生が来て、通常では言われないような指摘を多くいただいた。

この先生は通常の検査よりも本当にたくさんの指摘をする方で、どうしても図面通りに収まらない箇所も出てくる。都度協議になるが、なかなか折衷案を受け入れてもらえない。もちろん先生からすれば、より良い建物を残したいという思いからの助言だ。僕としても、それに応えたいという思いから、ありったけの知識を絞り出して配筋方法を提案したり、事前に検討会を開催して先生にも同席してもらうなどの措置を講じた。

その甲斐もあって、上階に行くにしたがって指摘も少なくなった印象だ。

先生の細部まで行き届いた指摘についていけない同業者もいたようだった。僕の場合は敬遠するのではなく、直球勝負で挑んだのが良かったのかもしれない。

その後、現場は無事竣工し、1年後にその先生の設計会社が手掛ける大型案件が地元で建設されることになった。付き合いのない元請け業者（ゼネコン）だったため、営業が難しいと思われた矢先に先生が当社を指名してくださった。

都内の再開発事業設計の超大手企業に指名いただけたことにまず、すごいインパクトがあった。先生のおかげで、大きな社会的信用と大型物件の受注に繋がったのだった。

しかも、今回は元請け業者（ゼネコン）の1次下請けとして現場に入らせてもらった。本当にいろいろなことがあったが無事に竣工し、元請け業者から品質と安全面に関する表彰を受け、良い形で仕事を進めることができた。

そこから数年経ち、さまざまな元請会社（ゼネコン）から受注ができるようになり、年商も3億円を超えるようになった頃、新築移転を考えるようになった。

当時の工場はかなり狭く、増設したり第2工場を借りたりしてやりくりしていたが、キャパオーバーになっていたからだ。

その頃、とあるゴルフコンペがあり、一緒にラウンドしたデベロッパー（不動産開発業者）の営業担当者に相談したところ、すぐに良い立地の候補地を見つけてきてくれた。場所は国道4号線と高速道路のインターに隣接した工業団地で、周りも大手企業ばかりだ。とても悩んだが総額2億円を超える土地と事務所、工場を新築し、新しい機械も導入した。２０１４年、41歳のときだった。

一緒に働いてくれる仲間も増え、協力業者（2次下請け）も含めると、多いときで50人の体制を整えられるようになった。

年商も平均7億円程度売り上げられるようになり、多いときには月商で1億円を達成し、地元の下野《しもつけ》新聞の経済欄に掲載されたこともあった。

また、以前から大変お世話になっている再開発の大手設計会社の先生より、２０２２年時点でも地元で唯一１００メートル超えの超高層の案件に業者指名をいただけるまでになった。

これまで苦労も多かったが、この業界にコネも一切ない状態で入り、何もなかった僕が、地元の中小企業での知名度を高められたことに対して、とても誇らしく感じていた。

この頃から、当時では珍しい建設業で女性が輝ける仕組みを模索し、取り組みを実行した。

僕は以前より、男性社会の建設業界には女性が必要だと感じていた。建設業界に女性がいると、和やかな雰囲気になって物事が円滑に進むのだ。職人たちは一般的に女性と話したりする機会が圧倒的に少なく、女性の皆さんのほうからよく話し掛けてくれるので、本当に良い雰囲気で物事が運びやすくなると感じる。

一番多いときで5人を管理部門で雇用した。その後、数年かけて幹部を数名育成した。当時としては画期的で、地元紙の経済欄に掲載していただけた。特に、幹部の活躍は素晴らしかった。

彼女たちは夜遅くまで、仕事を全うするために全力で取り組んでくれた。

職人たちの扱いも上手く、ゼネコンとの対応もしっかりとこなしてくれて本当に良い方向に歯車が動いていく感覚になった。もちろん現在も、幹部の活躍は素晴らしい。

開発に至った経緯

僕なりの少し偏った考え方かもしれないが、建設業の1次（2次）下請け、いわゆる専門工事業では学歴はあまり関係なく、実力がものを言うと思っている。

一人親方として独立するには開業資金も少額で済み、誰にでも可能性は平等にある。本気になって修業すれば、約5年程度で独立できる。

やる気がある若手なら、月100万円稼ぐことも不可能ではないだろう。

僕自身、26歳で個人事業主のときにいくつも現場も掛け持ちし、一番多いときで月収300万円稼いだこともあった。前述したとおり可能な限り設備投資を行い、地元の建設現場の規模なら対応できるインフラを整備した。

そして一番の重要な課題は、やはり人材だと考え、次世代にこの技術を伝える取り組みを始めようと模索し始めた。しかしその思いの伝え方が悪かったのだと痛感する。いわゆる夢やビジョンを、新入社員や中途入社の方に多く語りすぎてしまったと感じている。修業はとても大変だということを、もっと切実に話すべきだったのかもしれない。

夢やビジョンを聞いた社員は、希望を持ってキラキラした眼差しで入社する。しかし現実には、とても辛い修業という名の現場作業があるのだ。ここで夢と現実のギャップに耐えられず、早ければ1カ月以内、大体は1年以内で退職を申し出るケースが多いと感じる。

そんな中、残った職人たちの大半は「独立」を一つのゴールとして考える。通常は独立した後、当社の2次下請けになってもらうつもりで進めている。

その後、皆が2次下請けになるために社員を卒業していくとき、タイミングを見計ったように、同業他社から高待遇で2次下請けとしてのオファーがくるケースがある。概ねそこで職人たちは、ほかでも通用するか試したい気持ちも抱きつつ、高待遇でのオファーを受けるかどうかを検討するのではないだろうか。その後は、ライバルになる可能性が多く含まれている。

本当はここで、良好な関係性を築けるのがベストだと思う。

請負とは

請負とは、「請ける」「負ける」と書く。あまり真剣に考えたことはなかったが、この言葉が意味することとは、やはり「請けることとは、負けること」になってしまうのだろうか。

よく、「まけてください」とお店などで何気なく使っていたが、よくよく考えてみると「まけてください」＝「負けてください」というのは、間違っているのではないだろうか。

「企業努力」という言葉で片付けるべきではない。商品が売れ残ってしまったときの在庫処分、誤発注で必要のない商品を仕入れてしまったときなど、理由が明確なケースでは負ける場合も想定しなければならないが、僕が値決めをする立場だったら、良いものを適正な価格で商売させていただくのが正しいと考える。全体的にどの業界も同じような構造があるのかもしれないが、僕が携わっている建設業界、特に鉄筋工事業界はまず表には全く見えない。

鉄筋コンクリート造の建物を見ると、表面的にはコンクリートしか見えない。家の外壁や家具、車、人でいえば髪型や服装など、目に見えるものに対して人はお金を出す。特に車などは無理してローンを組んででも買いたい人がたくさん存在する。そこには、より良いものに囲まれて周りによく思われたい、なんていう思惑もあるのかもしれない。

鉄筋に関しては、人間で言えば体を支える骨格であるにもかかわらず、図面どおりに配筋され、工程どおりに完了していれば安いほうがいいとなる。もちろんしっかりと評価していただき、高くても発注していただける元請けの会社もたくさんある。発注者や元請けの考え方にも左右されると思うが、とことん値段を叩かれる。

ゲームに負けて戦いに勝つ

価格競争が激化し、本当にこのままでよいのかと真剣に考えたことがあった。

現場の職人に光を当てたフリーペーパーを作成し、さまざまな現場に配布し、業界自体のイメージアップ、受注価格を上げる取り組みを数年行ってみたが、受け入れられなかった。

試行錯誤しながら、この請負ゲームに勝つにはどうしたらよいかを考えてみた。まずは、傍観者になってみることにした。やはり、先頭に立って取るか取られるかという場面しか体験していないと、見えないことも多いと思う。遠くから俯瞰してみるからこそ、見えてくるものもあるはずだ。

お互いに価格競争という名の刃《やいば》を振りかざして、果たして誰がこのゲームの勝者になるのだろうか？　建設業界の1次下請けの場合は、勝者は元請け（ゼネコン）に当たると考える。もちろん、元請け（ゼネコン）自体も発注者から出される設計コンペや一般競争入札などの勝負に勝利するために、さまざまなハードルを乗り越えて獲得しているので当然の利権だということに間違いはないし、むしろ正しい。

良くないこととは分かっているが、仮にこの勝負に、談合という名の盾を差し出してみたらどうだろうか。1次下請け同士の価格競争という刃は、談合という盾に守られ、上手くいけば怪我をしないで済むかもしれない。

分け合うというのもいいかもしれない。「奪い合えば足らず、分け合えば余る」という言葉があるが、意識して行動すれば、1次下請けが請負ゲームの勝者になれる可能性があるかもしれない。

1次下請けと2次下請け

1次下請けには、常に競争の原理が根底に存在する。

対して、2次下請けはどうなのか。前述のとおり、2次下請けは1次下請け業者から労務のみを請け負う場合が多い。そこに価格競争はない。僕の知る限りだが、2次下請け業者の場合は値段を競い合う行為そのものが存在しないのだ。

もちろん1次下請け業者が管理費を引いて発注するのだが、特に鉄筋工事業に関しては、2次下請け業者のほうが立場が強くなっている傾向にある。実際に職人を抱えているのは2次下請けなので、昨今の人手不足も後押ししていると認識している。

1次下請けは受注した案件を、受注金額と同じか、ひどい場合は持ち出しで2次下請けに発注するときもある。なぜこのような歪《ゆが》みが生じてしまうのか。

考えてみたら〝名〟を残すというプライドが全てかもしれない。売上規模の確保と1次下請け業者という〝名〟を残したいが故なのだろう。

持ち出しになってでも1次下請けにこだわる必要があるのか、と考えることもあるが、やはりテリトリーを守るために必死で戦うことになる。足元を見ている2次下請けは、「困っているのだったら、高値ですがやってあげてもいいですよ」となってしまう。

もちろん、信頼関係が構築されている2次下請けとはこのような事例は発生しないが、繁忙期になると付き合いの浅い2次下請けに依頼することもある。どうしても人手不足を理由にこのようなことが起こってしまう。

道理が通らない理不尽さ

一般的な経営の考え方の一つに売り上げのバランス、つまりは取引先の受注バランスに偏りが出ないように、多くても1社に対しての売り上げを3割程度に留めることが推奨されていている。極力、受注先は分散されていたほうがいい。

理由は、良くも悪くも取引先の1社の売上規模が大きいほど会社の経営に大きく影響するからだ。万が一、売上規模の大きな会社から取引停止を宣告されたり、倒産されたりしたら連鎖倒産してしまう可能性が高い。

僕が携わっている建設業の1次下請け業者は、一般的に受注自体に波はあるが基本的にはいつも発注をくださる元請け業者が数社ある。受注のバランスを保ちながら上手くお付き合いをさせていただいているのが一般的ではないだろうか。

友人の建設関連の1次下請け業者の社長から聞いた話だが、ある大手取引先の支社長は同業他社の受注をすること自体を許さず、他社の仕事を受けるのであれば一切発注をしないとものすごい圧力をかけてくるらしい。僕が知る限り、友人の会社は資格保有率も高く、良い社員さんたちが揃っていて業界の評判も上々だ。そのようなしっかりとした業者ですら実際に取引先が1社であっても競合他社との価格競争はあるのだから、必ずしも受注できるとは限らない。それどころか、1社の専属下請けという立ち位置だが友人の社長と支社長との関係性が良くないため、大型物件の受注ができなくて、手間のかかる小口案件ばかり押し付けられて経営が苦しくなっているとのことだ。

基本的に1社だけで経営が成り立つのであれば、それでよいのかもしれない。しかし世の中そんなに甘くはない。経営が苦しくなろうがお構いなしだ。そんな納得ができないことが罷《まか》り通ってしまうのだ。支社長はその支社の殿様なので、全てが思いどおりにいかないと徹底的にやられる。とても理不尽だし、そのような人間にはなりたくないものだ。

窃盗事件、信頼の失墜

ある現場で窃盗事件があり、小さいながらも新聞記事になった。そのとき僕は、「ふーん」と思う程度だった。するとその直後、建設現場から連絡がきた。なんと当社の社員が新聞記事にある窃盗事件の犯人だと言うのだ……。

一瞬、目の前が真っ暗になり倒れそうになった。納得がいかないのは、僕はその犯人の名前も知らなかったからだ。

詳しく話を聞いてみると、忙しいときにその建設現場で2次請負をしていた職人が、会社の同意を得ずに同業他社の手伝いを入れていたと言うのだ。たった一日、たまたま手伝いにきていた職人が、現場の工具を窃盗して、リサイクルショップで売ろうとしていたところ、警察に通報されて逮捕された。

こんなことがあっていいのだろうか。こちら側も、ずさんな管理体制だったことは反省しなければならないが、その後が本当に大変だった。

被害に遭った元請けからは、一切仕事がもらえなくなった。元請けからすれば、泥棒がいるような会社に発注したくないのは当たり前のことだ。

顧問弁護士を交えた話し合いのもと、賠償に掛かった金額を毎月少額ずつ返済するということで犯人とは和解したが、その返済自体も滞ることが多く、なんともやるせない気持ちになる。

信用というのは、何年もかけてコツコツと積み上げてようやく構築されていくものだ。しかし、たった一度の不祥事で、積み上げてきたものは一瞬で崩れていく。

業者は雨後の筍

ところで、地方（僕が住んでいる）の鉄筋工事業者の売り上げは最高でも10億円程度だ。

しかも、あるゼネコン関係者に言われたのだが、1次（2次）下請け業者は独立のハードルが低いのか、雨後の筍のように、切っても、切ってもすぐに現れる。要は、潰れてもまた新しい業者が出てくるから問題ないと言うのだ。

どの業界でもそうかもしれない。

建設業では他社に職人が移籍すると、職人を奪われると同時に、取引先のお客様（ゼネコン）に営業されて、お客様ごと奪われてしまうケースも少なくない。そして最悪なのは、何年もかけて教育した職人が、独立して同業他社の2次下請けになるということだ。なるべくなら避けたい結末だ。

人口の減少が予測されているため、新築着工数が伸びる可能性は低く、売り上げを伸ばしていくのは難しい。改修工事なども請負できればいいが、改修工事には鉄筋工事は基本的には必要ない。

銀行の借入れも1億円以上ある。今後、どういった営業展開をしていけばよいか……。

下請けからの脱却

とある銀行でIPO（新規公開株）セミナーが開催されると聞いて、参加することになった。

登壇者は、当時上場したての超有名企業の社長だ。

セミナー後に名刺交換する機会があり、僕はどうしたら良い商品を適正価格で販売できるか？　価格競争に巻き込まれない商売をするにはどうしたらいいか？　と社長に質問した。

答えは、今の単価の倍以上の価値がある商品をつくり、提供する。そうすればそもそも競争自体にならないのでは、というアドバイスだった。

「そうか！」

自社にしか提供できない商品をつくる。僕の中に小さな希望が芽生えた。

まずは、下請けからの脱却を考えよう。

1次下請けは専門工事業が大半で、許可証も専門工事業の許可しかないが、まず1級建築施工管理技士という資格を取り、総合建設業、元請け業者として営業活動すれば、売り上げも伸ばせて雇用も守れる。ひいては借入れも返済できるのではないかと考えた。

一生懸命勉強し、1年で資格を取得、総合建設業の許認可を取得した。

しかし、形だけ総合建設業、元請け業者になったところでなかなか受注に繋げることができず、1年が過ぎた。1次下請けからの脱却もほど遠く、売り上げは何とか維持しているものの、利益が低い……。下手をすると赤字だ。相変わらずの同業他社との価格競争が激化していることが原因だと認識している。

今後の生き残りを懸け、いろいろと具体策を模索していた矢先に、大手の証券会社を経由してM&A仲介会社の営業担当者から、「一度話を聞いてもらえませんか」と打診された。最初は門前払いしていたが、何度か声を掛けられて渋々話を聞くことになった。

この時期、元請け業者になることと並行して、もう一つの別の事業についても模索を始めていた。そう、自社商品を生み出すことだ。

僕にノウハウがあるのは鉄筋コンクリートしかない。この技術を活かした新商品とは何だろうか……。

最初は、大人の隠れ家としてカッコいいガレージやシアタールームをつくれないかと考えた。

そんなとき、ニュースで土砂災害や火山、竜巻、全世界の紛争（戦争）の報道を目にした。同じ時期に知人から、核シェルターを作ってみたらどうかと言われた。

なるほど、確かに核シェルターなら鉄筋コンクリートの技術を最大限に活かせて、唯一無二の商品が作れるかもしれない。

すぐに知り合いの設計者に相談して、開発をスタートさせた。

新商品の開発

北関東の某所に、放射能を研究している施設があり、鉄筋コンクリートが放射能を遮《しゃ》蔽《へい》するかどうかデータを取り寄せた。さらに、防衛大学にも鉄筋コンクリートがどのくらい放射能を遮蔽できるかの検証を相談した。しかし、あくまで予測値をデータにすることしかできないとのことだった。

日本では日本国憲法第9条によって戦争は永久に放棄するとある。そのため、戦争に対する知識、爆弾や核攻撃から身を守るという考えも基準も、そもそも存在していない。日本では核シェルターの開発自体が認められないようだった。

現在の日本では、核シェルターとしての検証結果は出せない。ということは、商品として世の中に出せないという結論になってしまった。

その後は、防災（地震や竜巻、火山、土砂災害など）の観点から開発するべく、強固な建物としての基準を満たせるように設計事務所とデータを基にさまざまな検証を行った。

建築確認申請に関しては、現在存在するカテゴリーに該当する項目がない。住居にしてしまうと、照度や開口部（窓）の問題がクリアできず、どうしたら建築確認申請が受理されるかを考え、結果として倉庫として建築確認を申請し、2カ月程度で無事受理された。

そして、さまざまな方々に支えられながら試行錯誤すること約1年。ついに試作品を完成させ、その翌年になんとか販売をスタートさせた。2017年、44歳のときだった。

販売価格は、10坪で地下に埋設するタイプ（地下型）が坪単価200万円で約2000万円、地上型（地上に設置するタイプ）が坪単価150万円で約1500万円からという高価格帯でスタートを切った。

NHKとちぎ、地元の下野新聞やとちぎテレビからの取材を受け、下野新聞では社会欄、さらに別の日には経済欄にも掲載された。新聞に掲載された翌日には10件近い問い合わせがあり、その中から3件の見積り依頼と発注依頼検討まで進むことができた。

しかし、実際に現地調査を行い、見積りを提出するとコストが折り合わずに結局は保留、はっきり言うとキャンセルになってしまったのだ。

お客様のご要望をあれもこれもと形にすると、5000万円は余裕で超える。家族会議の結果、起こるか分からない災害のために5000万円超えという超高額な金額は出せない、そもそも銀行の融資も通らないという回答に至ってしまった。確かに普通に考えれば、そのとおりだと思う。

元々ニッチな商品な上に高額なため、そう簡単に売れるものではないのかもしれないと、少しだけ弱気になりつつあった。

さまざまな方たちとの出会い

新型コロナウイルスが流行する前の2018年、開発した防災シェルターを東京ビッグサイト、パシフィコ横浜、幕張メッセで開催されている防災EXPOや震災対策技術展、病院EXPOなどさまざまな展示会に出展することになった。僕にとってはこのときが初めての展示会への出展だった。

展示会のほとんどにおいて、お客様の入場は無料だが、出展する側は3日間で約30万円以上のブース代、出張・宿泊費など、諸々費用が発生する。

しかし、お客様は情報を求めてわざわざ足を運ぶくらいなので、皆、真剣な方ばかり。名刺やパンフレットをお渡しして、商品を説明した。名刺交換した方には、御礼のメールを送り、興味を持ってくださった方には次にお会いする機会をいただく。そんな感じのやりとりを一日に100人近くするのだから、本当に大変だった。

しかし専門工事業のみを行っていたら、絶対にお会いできない方々ばかりだった。

僕が住んでいる地方の市の総人口は、たったの7万人程度だ。こんな小さな町ですら、スーパーに行ってもコンビニに立ち寄っても知り合いに会うことはそれほど多くない。

そう考えると、何らかのご縁で知り合い、友達になったり、同じ会社に勤めたりするというのは、本当に貴重なことなのだと思う。だからこそ、これまで出会った方たちも、これから新しく出会うご縁も大切にしていきたい。まさしく一期一会だ。

展示会を通じて出会った研究者の方々からは、たくさんのご意見をいただいた。例を挙げると、レジリエンス（回復力）・危機管理に携わる関係者の方に、「法的根拠はどう説明するのか」「実際に災害が起きたと仮定したときに、補償の問題はどうするのか」、そして「実際にエビデンスは取れているのか」といった的を射た直球のご意見をいただくこともできた。後日、エビデンスをメールさせていただいた。防災商品を販売している企業の方々からは、アライアンス（業務提携）のお話を多数いただけた。しかし肝心のエンドユーザーからは問い合わせやサンプル注文にとどまり、本当に苦労が続いた。

その後、見積り依頼がくるようになったが、この見積りも大変だ。場所に合わせて地質調査を行い、概算の図面を作成する。多いときで1件の見積りに対して10万円ほど費用がかかってしまう。しかし見積りは無料というのが一般的で、依頼してくださったお客様にその費用を請求するというのは難しい状況だった。

関東・東海地区の自治体からは、富士山が噴火すれば噴煙と噴火による灰で木造家屋が倒壊する危険性があることから、学校の地下や体育館に大勢の市民が避難できるシェルターを計画したいというご相談を受けたこともあった。

M&A　株式譲渡

M&Aについては、なんとなくの知識しかなかった。小さなお山の大将にでもなったつもりでいたのか、会社を買収して地元で業界のリーディングカンパニーになろうと本気で思っていた。

そんなとき、ある大手証券会社を通じて、最大手のM&A仲介会社の営業担当者と面会することになった。

その営業担当者は、高飛車だった僕にこう語り掛けてきた。

「その話の内容だと、あくまで地方だけで今後の売り上げが確保できるという安易な試算という認識でよろしかったでしょうか」

心の奥を見透かされているような感覚になった。やはり、実際はそうではないのか。どんなに地域で頑張っても、需要と供給のバランスでそこに〝需要〟がなければ同業他社との椅子の奪い合い——つまり価格競争が激化する。そこで大手の傘下になり、全国の仕事をするようになれば活路を見いだせるはず。

最初は、その営業担当者の言葉を呑み込めず、とても頭にきて文句を言ったが、よく考えてみたら確かにそうかもしれない。この先どうなるかは誰にも分からない。メリットとしては株式譲渡益、つまりキャピタルゲインと借入れの連帯保証人の解除が挙げられる。デメリットとすればその後の社会的立場とこれからの収入の確保だろうか。本当に真剣に1カ月くらい悩み抜いて出した答えは、良いほうに進む可能性を信じてみるということだった。そして一旦仲介会社に申込みをすることにした。

その後は想像以上に進展が早く、会社の情報は秘密保持契約を交わした会社に開示され、3～4カ月で候補先が選定された。

約6カ月後には株式譲渡、つまりM&Aが成立したのだ。2019年、46歳のときだった。

感情が最高に高まり、これからは資金難にも悩むこともなくなって、飛躍した会社の状態が頭の中に浮かんだ。仲介会社の営業担当者からは、「あなたは成功者ですよ、これから第二の人生を始められます」と祝福の言葉を掛けられた。

28年間、ほとんど建設業界しか知らなかった僕には、第二の人生のスタートという実感はあまり湧かなかった。

僕の持論として、人生の自由と安定のバランスは3つある。
①不自由と安定（会社員が該当する。多くの人がこちらに該当すると思う）
②自由と不安定（自由な働き方をしているが、収入が不安定）
③不自由と不安定（こちらは自営業などで、借金に追われて身動きが取れない状況）
これらの項目のどれにも当てはまらない、誰しもが理想とする〝自由と安定〟。これがM&Aだと思った。しかし、現実はなかなかそう上手くはいかないようだ。

まず、株式譲渡に関する情報の開示はできない、というか絶対にしてはいけない。秘密保持契約を譲渡側、譲受側双方で交わしているため、キーマンである幹部（取締役クラス）以外には、情報漏洩は絶対にあってはならない。

そして、満を持して譲渡した日の夕方、当社社員、関係各位数十名に対して情報開示（ディスクロージャー）をした。すると直後にたくさんの建設関連の会社から連絡が入った。なんと内容は、会社が倒産したと聞いたが本当かというものだった。

インターネットで会社名を入力すると、「倒産」という言葉が検索候補に出てきた。びっくりすると同時に、世間ではそういう視点で見られるのだと、とても大きなショックを受けた。

経営が立ち行かなくなったから違う会社に助けてもらった。その話が真実ではないと分かってくると、今度は「あいつは魂を売った、勝負から逃げた」など、想像もしていなかったような言葉が次々と寄せられてきた。

この件で、その後の約2年間、僕自身は精神的にかなり追い詰められることになった。

あくまで個人的な解釈だが、周りでM&Aでエグジットした元社長は、心なしか痩せて元気がない気がする。その真意は一人ひとり違うと思うが、社会的制裁を受けたのに近い感情なのではないかと勝手ながら考える。

僕自身はその後、譲渡した鉄筋工事会社の取締役会長として勤務することが決まり、同時に登記を進めていた法人で、新事業のリサーチを進めることにしていた。シェルター事業に関しては、別法人で事業を進めることになっていたのだ。

会社の譲渡以降、今の町では仕事がない。そこでこんな仮説を立ててみた。あるのは3リットルのガソリンと原付バイク、所持金は500円。そんな状況に置かれたとして、その場にとどまり何かが起きるのを待つか、それとも原付バイクと3リットルのガソリンで隣町に行ってみて可能性を信じてみるか……。

僕だったら間違いなく後者だ。何もしなければ3リットルのガソリンもなくならないし、500円も使わなくていいかもしれない。隣町に行くには、3リットルのガソリンは使い果たし、500円も使ってしまうことになるだろう。

しかし行動しなければ何も起こらない可能性が高く、いずれにしても良い方向に向くのは難しい。だから、また勇気を出して新しいことにチャレンジしてみることにした。

知識が乏しかった結末

新規事業を始めるにあたり、これからどんなビジネスが伸びるかを僕なりに考え、知人たちにもたくさん相談した。

その後、鉄筋工事会社のM&Aの際にお世話になった、仲介会社の営業担当者に面会する機会があった。M&Aの知識・経験が豊富であり、さまざまな業種の知識があると目論んで、今後の進む道を探すために接触してみることにした。

そしてその営業担当者から、グループ会社でスモールM&Aのプラットフォームが開設されたので、登録してみないかという提案があったのだった。

すぐに担当者が紹介され、僕は初めて譲受側として登録してみることにした。

2019年、まだインターネット上のM&Aのプラットフォームは始まったばかりだったが、時代は急激に進んでいるのだと感じた。

そのM&Aプラットフォームにはさまざまな業種の会社の株式譲渡、事業譲渡などの情報が何百社も登録されており（現在はもっと多いと思う）、後継者不在の第三者承継のためというよりも、欧米式の会社を立ち上げて価値を高めて売却するというものや、本当に立ち行かなくなった会社が簡単に他社に譲渡するという2パターンがメインだと感じた。

プラットフォームの中で最初に目に留まったのは、都内にある立ち上げたばかりの、YouTuberの事務所だった。ホームページ制作会社から派生した事業のようだった。事業立ち上げから若干3カ月で、売り出し始めた女の子4人組のアイドルグループと、国家資格を持った女性による国家資格の合格方法などの動画を上げている。彼女たち5人とアルバイトのディレクター1人で、チャンネル登録者数は、アイドルグループのほうはようやく1000人を超えた程度、国家資格の合格法は3000人程度で、この先ものすごい勢いで事業が大きくなると説明がある。事業譲渡金額は300万円と記載されていた。

確かに全く知識はないが、これから伸びそうな事業だし一度会って説明を聞いてみたいと思った。今もそうかもしれないが、当時のプラットフォームは、インターネット上で秘密保持契約のチェック欄にチェックをすると情報が開示され、その後はメッセージのやり取りになる。

僕は面談の申し込みを打診して、社長と都内の会社で会うことになった。

社長はとても若く、地方から上京して会社を立ち上げたらしい。そしてこの

YouTuber事業に全国から7社エントリーがあるとのことで、面談も随時行っていくとの話だった。

僕自身、全くの素人であり、僕に引き継がせたいとは言わないだろうと思っていた。譲り受けたいという人は、20代、30代のイケイケの社長ばかりだったらしい。金額に関しても、どんどん釣り上がっていって、倍の値段を提示する方もいたようだった。

面談から1週間くらい経って、連絡がきた。答えはまさかの僕に任せたいとのことだった。驚いて会いに行くと、熟練のキャリアで安心できるというイメージを持ってくれたらしい。

僕は最初に提示した300万円で、インフルエンサーマーケティング事業を譲受した。

それに伴い、マネージャーを急遽募集することになり、急いでハローワークに求人を出した。地方でこのような募集はなかなかないので、すぐに若い方から応募がきて何人か面接して一人採用した。

ホームページ制作会社の社長とこれから引き継ぎに入る段階に差し掛かったとき、かすかに感じていた不安が的中した。アイドルグループの4人のうち、3人と連絡が取れなくなったのだ。国家資格の女性も、あまり連絡が取れなくなっていった。若いディレクターはアルバイトとして手伝ってくれることになったが、これでは空き箱を買わされたようなものだと感じた。

コロナ禍での発案

僕と採用したマネージャーとで検討した結果、新たにYouTuberを勧誘することになった。そして十数人のYouTuberに所属してもらうことができた。チャンネルの名前も刷新して心機一転、出直すことにした。

メディア業界にいた方が加入したときに、映像事業の企画をスタートさせることになった。

その一つがドライブインシアター事業だ。

新型コロナウイルスの感染拡大による影響で緊急事態宣言が発出され、世の中に暗い話題が多かった頃、何か新しい取り組みができないかと仲間と話していた。そこでドライブインシアターの話題になった。知識はなかったが何となく面白そうだからやってみようと、仲間数人で試作を繰り返し、まずはチャリティーイベントとして一般の方を無料で招待することになった。

２０２０年の初夏、早速候補地の選定に取り掛かった。

開催候補地の市役所の戦略部長に、元金融機関で支店長を務めていた方がいた。その方の伝手を活用し、市長にアポイントを取ってもらった。市長との面談では、先が見えない世の中で感染対策を徹底した無料のイベントを行いたいということ、上映予定日は夏休み期間中で、上映映画は家族で楽しめるアニメにして、地元企業にスポンサーになっていただき企業ＣＭを作成して上映前に流すことでマネタイズを図る、ということなどを説明した。さらに、設営費用と人件費以外の売り上げは新型コロナ対策に寄付にしたいとお話しさせてもらったところ、市長は快諾してくれた。本当に感謝だ。

その後は、上映する映画を配信会社と検討し、急いでスポンサー企業を探す段階になった。この時点で、上映予定日まで１カ月程度しかなかった。そんな中、助けてくださったのが金融機関だ。

支店長を筆頭に、支店長代理が地元企業に呼び掛けてくださり、２週間程度でなんと20社以上、１００万円以上が集まった。

ＣＭ撮影と編集作業を１週間で終わらせるというドタバタ具合だったが、どうにか編集まで漕ぎ着けた。それと並行して、会場の設営を進めなくてはならなかった。まず始めにスクリーンだ。知り合いの鳶《とび》の社長に足場を組んでもらい、10メートル×10メートルの白い防炎シートを張ることにした。これで大きなスクリーンが完成した。映像を映し出すプロジェクター、音響関係など、プロの力も借りながら設置。無事故で確実に成功させるために、ボランティアの仲間たちと複数回オンラインミーティングを行った。

最初に設定した日はゲリラ豪雨で延期になってしまったが、その翌週に無事成功させることができた。

関わってくださった皆さんには、忙しい日々の中、このイベントに時間を割いてくれたことへの感謝しかない。上映時に発電機からの排出ガスを少しでも減らす試みとして、電力の一部を電気自動車から供給する取り組みも行った。

話題性もあり、地元紙が大きく報じてくれた。そして新型コロナ対策として県に10万円寄付することができたのだった。

このドライブインシアターは現在、映像事業の要《かなめ》となっており、ショッピングセンター・結婚式場・観光地などといった大きな駐車場がある場所で実施している。

未知の業界への進出

ある知り合いの社長から連絡が入った。「相談がある、一度話を聞いてほしい」とのことだったので、会うことにした。その方は観光関係の会社の社長で、過去に2〜3回、お世話になったことがあった。

まだ2019年だったので新型コロナウイルスが流行する前だったが、インターネットの普及により、直接会社に依頼をするケースは激減しているようだ。相談というのは、会社が債務超過に陥っており、銀行から融資の返済を迫られている。会社を引継いでもらいたいが、難しければお金を貸して欲しいという大変ショッキングな内容だった。

非常に難しい相談内容だったため、大変申し訳ないが、力になることはできなかった。

その後は廃業を余儀なくされたらしい。


経営に関する相談はほかにもある。自分自身で起業し、株式譲渡を経験したことで、周りからさまざまなM＆A（譲渡・譲受）の相談を受けるようになった。

ある外国人の人材紹介を行っている会社は、人材データが豊富にあるとのことで、数千万円で株式の譲渡先を探していた。一方、その譲受を検討していた知り合いの社長は事業譲渡のスキームで考えたようだ。

顧問弁護士も入れてお互いに相乗効果が出るような形を取りたかったらしい。最終的には譲受を検討していた企業側の社長が数百万円の増資という形で、譲渡を検討していた人材紹介会社の取締役になり、経営を現社長と二人で進めていくことになった。

しかし、増資をしてしばらく経っても取締役になる手続きを進めてもらえず、なかったことに――つまり白紙に戻すことになったというのだ。しかも増資している金額の返済が難しいと言われ、新たに相手先を探して、その相手先に返済をしてもらうことになった。何とか回収まで漕ぎ着けたが、1年以上かかったとのことで大変な思いをされたようだ。

一般的な話にはなるが、どんな業界でも2次・3次請けの末端請負の会社があり、やはり価格競争の激化や経営陣の高齢化に伴い、株式譲渡を前提に候補先を探している。しかし、事業自体が赤字体質だったり、最悪の場合、債務超過に陥っているような会社を受け入れてくれる企業はなかなか見つからず、結局は売掛金が残っている会社が引き受けざるを得なくなる。ほかにも、株式譲渡もしくは事業譲渡で候補先を探したが引受先が見つからず、廃業の選択を余儀なくされるケースも往々にして存在する。

どのような業種でも問題を抱えて株式譲渡を考える経営者は少なくないが、経営が上手くいっているときに株式を譲渡したいと思う人は少数派だろうと思う。当然、経営が悪化し、誰かに会社を譲りたくなっても、業績が思わしくない状態ではどこにも譲渡先はない。いずれにしても、タイミングよく実行しないときれいでスマートなエグジットはできないだろう。

僕は自分の経験が人の役に立つのではないかと考え、官民さまざまなM&Aを運営する団体、企業と連携してM&Aコンサルティングも始めることにした。

これからの新規展開

紆余曲折を経て、最終的には多種多様な事業を展開する決断をした。

これからの明日を描きたいという思いを込め、新会社名を〝未来を創る〟に決めた。名刺交換などをすると、必ずと言っていいほど「とてもインパクトがあり、素晴らしい社名ですね」と言われてうれしくなる。未来を創るためには、全力で今を生きて、これからのビジョンを創造することが何より重要になってくる。

事業内容は、これまで積み重ねてきた実績から次のようなものを考えていた。

・防災シェルター事業

・M&Aコンサルティング
・配信映像事業（ドライブインシアター）、YouTube配信

その際、ある人から「事業は一つのことに集中したほうがいいのでは」という意見があった。

一つのことに集中するという手段は確かに正しいかもしれない。しかし、もし一つのことに集中した結果、失敗したらどうなってしまうのだろうか。

釣りにたとえるとすれば、1本の釣り竿だけで釣りをした場合と、たくさんの釣り竿から糸を垂らした場合とではどう違うのだろうか、ということになる。

実際の結果は分からないが、投資を最小限に抑えた（餌を擬似餌にするなどの対策を施す）1本の釣り竿よりも、数本の釣り竿を使ったほうが、魚が釣れる可能性が高まるのではないだろうか。

考え抜いた結果、事業は多角化路線にトライすることにした。

ふるさと納税返礼品への抜擢

２０２０年、地元の矢板市役所よりふるさと納税の返礼品としてシェルターを登録しないかと打診された。市はインパクトがある、新しい返礼品を探していたようだった。

その背景には、返礼品の基準の厳格化があったようだ。以前は、納税金額に対して５割もの高価格の返礼品が現れるなど、競争が激化していたという。例えば１万円の納税金額に対して、５０００円分の旅行券を返礼品としても問題にされなかったらしい。

その価格競争を止めさせる目的で、国が納税に対する返礼品の価格を３割以内に設定し、品物は地場産品（地元の会社で製造している商品など）に限るという厳しい基準が設けられた。そのため、自治体によってはふるさと納税による税収が落ち込むところもあり、深刻な問題になっていた。市役所からの打診に、僕は「ぜひともお願いします」と答えて、数カ月後に無事登録された。

なんと登録された案件は、１件あたりの納税金額が１億円で返礼品に地下型のシェルターと、最高金額に設定されており、これはもはやネタだなと思った。ほかにも地上型シェルターで納税金額5500万円と、エコノミータイプのシェルターで納税金額2200万円の3シリーズのラインアップでスタートした。

それから1年ほど経った頃、おもしろい返礼品があるということでテレビのバラエティ番組が放送してくれたのだ。

すると全国ネットということもあり、かなり評判になった。これには僕もかなり驚いた。

しかし、金額が金額だけに成立は難しいだろうというのも覚悟していた。なんと1億円ものふるさと納税ができる方の想定年収は23億円以上とのことで、正直なことを言うとそんな方がいらっしゃるのか？　とさえ思っていた。

その後もさまざまなメディアで取り上げていただき、なんとその年（2021年）の年末に1億円のふるさと納税が1件成約になったのだ！

全国でも1件に対しての最高金額（2022年11月末日現在）で、本書の冒頭でもふれたとおり、矢板市が記者会見を開き、僕も出席させていただいて大勢のマスコミの前で説明をさせてもらった。

本書の執筆中（２０２２年）には、ロシアによるウクライナ侵攻などが起こり、大変な世の中になってしまった感がある。防災意識の高まりとともに、問い合わせだけでなく受注もいただけるようになった。今後も防災の観点から、シェルターの必要性を発信していけたらと思う。

キラーコンテンツとは

キラーコンテンツとは、辞書などには「特定の分野の普及のために集客する情報やサービスのこと」とある。オンリーワンの商品ができたとしても、全く普及しないものは世の中に溢れている。

一概には言えないが、開発者は軸が自分自身に向きすぎているのかもしれない。そうなってしまうと、自己満足の商品でしかなくなり、売れる商品ではなくなってしまう。

僕の場合、シェルターでは後先をあまり考えず、商品開発に猛ダッシュで突き進んでしまった。その理由は、ある国がバンバン核実験を行っているため、ここでこの機会を逃すわけにはいかないと焦りすぎてしまったのだ。早く商品化して販売に繋げなければというミッションで頭がいっぱいだった。

ふるさと納税の返礼品という集客手段ができたのは、思いがけない大きな進展だった。今振り返ってみると、ただ恐怖をあおって必要性を訴えるのは、アピール方法としては正しくなかった。

このふるさと納税というキラーコンテンツと、自治体という大きな後ろ盾ができたことにより、日の目を見るのは難しいと思っていたシェルターが、一気に注目されるようになった。付加価値による販路拡大にも期待が持てるようになった。

栄枯盛衰、これから

M&Aで合併し大企業のグループ会社となり、2年程度で固定費圧縮のために吸収合併されている会社がかなりの数で存在するとよく聞く。

しかし僕が創業し株式譲渡した鉄筋工事会社は、株式譲渡から3年以上経過した今、その売り上げは順調で経常利益も出している。親会社との関係性もとても良好で、まさしく相乗効果が出始めた感じがする。

その結果、2022年8月の下野新聞で2021年県内増収増益企業100社にも選ばれた（東京商工リサーチ調べ）。

そして、いろいろあったが今でも共に働いてくれている方々に感謝しつつ、この道（建設業界）が長いので、僕にはやはり向いているのかとも思っている。

よく相談に乗ってくれる、同じ建設業の1次下請けで業種は違う同い年の社長がいる。その社長は定期的に僕を食事に誘ってくれたり、僕の話を熱心に聞いてさまざまなアドバイスをくれたりする。その一つが、僕の経験を活かしてM&Aアドバイザーになり、円滑な事業承継を手助けする役割を担ってはどうかというものだった。彼の存在が、M&Aアドバイザーに挑戦する後押しとなったことは言うまでもない。

もう一人、僕に親身になってアドバイスをくれた方がいる。

昔からとてもお世話になっている建設会社の会長だ。父と同い年で、よく父の話をしてくれた。そしていつも、「ファーストコールカンパニーになれ」と言ってくれる。

ファーストコールカンパニーとは、何か頼みたい仕事が発生したときには、最初に声を掛けてもらえる会社のことで、その立ち位置で居続けるための努力をしなさいということだ。これから厳しい時代がくるかもしれないが、それでも残っていれば〝福〟があると話してくれた。

ある日、とある現場所長から連絡が入った。内容は、請け負わせた会社が人手不足のため工程が間に合っていない、助けてほしいというものだった。そもそも業者選定の時点でいかがなものかと問いただしたくなる。間違いなく価格競争の結果だと認識したため、僕は「万が一職人が空くようなことがあればご連絡させていただきます」とだけお伝えした。

また、ゼネコン（元請け業者）から連絡が入った、現場を請ける業者がいないから助けてもらえないかというものだった。こんなにも状況によって変わるものなのか。

僕は、こう答えた。

「何とかしましょう！」。そう、これが「請勝（価値）」なんじゃないか。

同業他社が攻めているときを見計らって、我慢して待つ。そうすることによって向こうからお願いされるのだ。確かにそのさじ加減は難しい。しかしその駆け引きを制するものが勝利を得られるのだろう。

これからも時代は大きく変わっていくが、精一杯頑張っていこうと思う。

後編

マインド

学ぶということ

■人格を根本的に見直す

人格というのは、主に小学生のときに形成されると聞いたことがある。もちろん小学生の感覚から少しずつブラッシュアップされていくのだとは思うが、人格そのものを大きく変えていくのにはものすごい力を必要とする。正しい方向に持っていけているのなら問題ないのかもしれないが、自分を俯瞰してみたときに、人格自体が少しズレてしまっているかもしれないという感覚があるのならば、再度形成するために根本的に見直す心構えを持ったほうが今後のためになるのではないだろうか。

人格形成からは少し話が逸脱するかもしれないが、形成された部分を根本的に見直すという観点で考えたとき、とても良いたとえがあると思った。それは小説に登場する架空の内容だが、僕の心にグサッと刺さる作品を書いている作家がいる。

池井戸潤先生だ。池井戸先生の作品で特に印象に残っているのが『陸王』（集英社）だ。

足袋や地下足袋を製造販売する主人公の「こはぜ屋」の四代目宮沢社長は、老舗ならではの斜陽産業の葛藤や資金繰りなど、さまざまな苦難を乗り越えていく。

地下足袋という今の時代では販売に苦慮しそうな商品の技術を、軽さを特徴とするランニングシューズに活かし、成功に導くストーリーだが、僕の職業とリンクしている部分も多く、とても影響を受けた。

この作品のように厳しい状況から勝機を得たプロセスは、とても学ぶことが多い。この地下足袋からランニングシューズを開発する思考は、まさに成熟した商品を根本的に見直して、良い方向に繋げた例ではないだろうか。

■インプットとアウトプット

まず、全てはインプットをしないと何も始まらない。

個人的な考えだが、情報のアンテナを３６０度張り巡らせ、そのアンテナに引っ掛かった情報を自分なりに掘り下げて考えてみる。そのときは全く役に立たない情報かもしれないが、その情報と以前、もしくは後に聞いた全く関係ない情報が、線となって繋がる可能性もある。

とにかくアンテナをあちらこちらに張り巡らせ、点と点を繋いで線にする。軟らかい思考を常に意識することも大切だ。同時にアウトプットも重要だと考える。

ここ数年は、緊急事態宣言や蔓延防止等重点措置、自粛などでめっきりなくなってしまったが、それ以前は年に数回、講演の依頼をいただくことがあった。主に起業をテーマにしたもので、大きな講演では数百人を前に話をしたこともある。

約90分という時間をいただいて、僕の拙《つたな》い話を参加者が真剣に聞いてくれている。その時点でありがたい気持ちでいっぱいになる。

聞いて良かったと思ってもらえるように、参加者にとってプラスになるような内容を僕なりに精一杯考え、アウトプットしている。

僕の話で刺激を受けて、皆さんのこの先の人生の一助になれたら幸いだ。これからもご依頼をいただけたら喜んでお受けして、常に人生のプラスになる話ができる自分でいたいと思う。

■負の歴史から学ぶ

核シェルターの開発に取り掛かるにあたって、戦争の歴史を知識として再認識するべく、さまざまな戦争で起きた出来事について調べることにした。

調べていく中で一番考えさせられた悲惨な出来事として、アウシュビッツ強制収容所が挙げられる。戦争物資を生産するための労働力と、それ以外の人たちに振り分けられ、労働力としてみなされない人たちは、強制収容所に到着後、即ガス室に送られ殺されている。

労働力として認められたとしても使い捨てでしかなく、過酷な労働を強いられ、9割もの人たちが命を落としたとされる。ピーク時には28もの国々から14万人が収容されていたらしい。

こんな悲惨な出来事が今から80年前の時代に起こっていたことが信じられない。

ほかにも、第2次世界大戦の最中にはさまざまな惨状が繰り広げられていた。犠牲になった人たちは自分の意思も持てずに、明日をも見えない日々だったのではないだろうか。

現在でも戦争が起こっていて、新型コロナウイルスの流行も終息が見えない状況だが、日本では、昔よりははるかに自由で豊かな生活が送れている。

もし仮に、80年前のアウシュビッツ強制収容所を体験した後に現代に戻ってきたとしたらどう感じるだろうか。現代では、仕事一つとっても嫌なことがあればすぐにでも退職することができるし、希望する仕事に就くこともできる時代だと思う。

そのことを重く受け止め、毎日、安心して過ごせることに感謝をして生きていけたら、これからの未来がより良くなると確信している。

■普通の生活を送れるということ

僕が非常に心を打たれた映画に『ショーシャンクの空に』（主演：ティム・ロビンス、モーガン・フリーマン）という1994年制作のアメリカ映画がある。

とても高い社会的地位にいた主人公のアンディは、妻の不貞行為に悩み、それがもとでトラブルに巻き込まれ、人殺しの濡れ衣を着せられ、挙げ句の果てに劣悪な環境で名高いショーシャンク刑務所に投獄されてしまう。

最初は刑務所での生活に馴染めず、虐《いじ》められたりしたが、劣悪な環境下でも腐らず、プライドを持って生活をしていく。次第に仲間もでき、受刑者や刑務官を上手く利用しながら暮らしていく。ときにはひどい仕打ちにも我慢しながら、最後には主人公たちにとって良い結末を迎える。

なんという人生だ……。このような事実を受け入れられるわけがないし、もし僕の身に起こったらと考えると、気が狂ってしまいそうだ。

それでもプライドをしっかり持って、人生を諦めない姿にとても感動した。

そして今の自分に置き換えてみた。

「なんて自由な人生なんだろう」。何でも決められる立場にいるし、いつだってどんなことにでも挑戦できる境遇にいる。そのありがたさを強く意識して生きていきたい。今を真剣に生きよう！

■昨日に学び、今日を生き、明日を見つめる

これまで生きてきた中で、さまざまな失敗を経験してきた。

経営者になってからも、「失敗した」と、後になってから思い返すことがある。

しかし、その失敗からたくさん学べることがあって、次に繋げることができたら、それは「失敗だった」ではなく「成功に一歩近づけた」と考えるようにしている。

過去に、新規上場株を購入する権利をものすごい勢いで営業されたことがある。その証券会社の営業担当者は絶対に言ってはいけない言葉なのにもかかわらず、「間違いなく儲かります」と断言した。

そうして数千万円の株を購入した。しかし、初値は公開価格を大幅に下回った。その後、数日間初値からどんどん下回った。僕自身、金融機関とのお付き合い程度でしか投資信託や先物取引などをする機会がなかったし、元々仕事でギャンブルをしているような感じだから、知識を持とうとも考えていなかった。そんなスタンスでこれまできていたのだが、このときはどうかしていたのか、間違いなく儲かるという言葉を信じてしま

ったのだ。

結果はどんどん下がる株価を見ているのに耐えられず売却し、結果、1週間で200万円も損をしてしまった。

その後も投資関係のお誘いはくるのだが、これに懲りて深く反省し、知識もないのに人の言うことを鵜呑みにして、大金を投資することはしないと決めている。

それを機に、投資について学ぶ機会をいただいたと思うようになり、勉強するようになった。

仕事では、発注ミスや手配ミスなどさまざまな失敗をしてきた。それでも次に失敗しないためにはどう行動すればいいかをしっかりと考えるようになるので、大きな失敗をする前の気づきだと思ったり、後で笑い話になればいいと考えられるようになった。

これまで経験させていただいた、失敗というたくさんの学びから得た知識を糧《かて》に今日を全力で生きて、これから先を見つめ、どう進んだらよいか。同じ日々の繰り返しでは、結局1年後、3年後もただ無駄に歳を重ねていくだけになってしまう。もちろん継続することや、毎日同じことをやっていくのは大切なことかもしれない。

そこに失敗から学んだ新しい知識をプラスすることによって、昨日とは違う今日になり、そのプラスした今日を全力で生きて、また明日には新しいプラスをするように心掛けたいものだ。

その毎日の積み重ねが、1年後、3年後に大きな違いとなって表れてくるに違いない。

また、そうしないと実際はマイナスかもしれないし、現状維持は結局のところ後退している可能性が高いのではないかと感じる。

■妄想・想像・実行・成果

僕は、さまざまな場面でプラス思考に妄想する。そこからいろいろな妄想がアイディアに変わる。こんなものがあったら便利だよなとか、こんなシステムがあったら画期的だよな、など。

次に想像する。どういった手段で材料になるものを調達し、開発はどうするのか、またブランディング、マーケティングをどのような方法で進めていくのかを。

そして、実行する。何を目的として、どういったアクションをするのかと考えながら。

そして最後に、どのような成果が出たのかを確認し、改善に努める。

よく、「Plan・Do・Check・Action（計画・実行・評価・改善）」が仕事の基本として教えられる。それと同じように、経営者は「妄想・想像・実行・成果」が大事なのだ。どんなときにも実践可能だと思うので、常に意識しながら行動していきたい。

働くということ

■起業するときのスタートライン

人は、一人ひとり生きてきた来歴や行動によって現在の自分がつくられていると思う。進学や就職の際も、周囲の方たちの意見を参考にすることはもちろんあると思うが、最終的には自分で決めることが求められるのではないだろうか。

これからの将来を安定させるために企業に就職し、一生勤めたいと考える人。さまざまな経験を活用し、自分の成長を求めていざ起業したいと考える人。

ここでは後者の考え方をフォーカスしてみたい。起業を目指す人たちがスタートを切る環境は、それぞれ違うと思う。

例えばAさん30歳は飲食店で5年修業してきた。これからテナントを借りて自分の店舗を出したいと考えている。Aさんは現在まで貯金や資産運用などはしておらず、開業資金がないので銀行に借入れを申し込み、融資を取り付け、夢であった自分のお店をスタートさせる。

融資の額は店舗の改装費用と当面の運転資金で約1000万円、融資はなんとか通ったが、想定以上に金利が高い。

次にBさん38歳は、別の飲食店で8年修業して貯金は約400万円、改装は自分で行い、銀行への融資は申し込まず、貯金を切り崩しながら運転資金に充てる。

これらの例に関して、どちらが正しいかは正直分からない。Aさんのほうは、料理に定評があり雑誌やSNSにも取り上げられ、順調に繁盛店になり、5年で借金を返済できる可能性もあるし、Bさんのほうは堅実な経営で無借金のため、利益が出やすく、2

店舗目を考えるようになるかもしれない。

当然、逆の場合もある。Aさんは初めての自営業だったので事業計画が甘く、思った以上に客足が伸びなかった。新型コロナウイルスによる営業への影響についても、最近までは行政からの休業支援金・給付金が支給されていたため資金繰りも何とかなった。その後通常営業には戻ったが、給付金が終わり、結局、借金の返済が難しくなって最終的には店を閉めて自己破産……。なんていう可能性だってある。

Bさんは堅実な経営をしていたにもかかわらず、料理の評判が悪くなかなか客足が伸びず銀行に融資の相談をしたが、これまで融資実績がないのと、現状の経営状況では融資は難しいと言われるなど……。

さまざまな懸念は考え出すと溢れ出てくる。肝心なのは事業をスタートするときのインスピレーションだったり、それに賛同してくれる仲間がいるかどうかではないだろうか。「自分はこんな事業がしたいんだけれどどう思う?」「ダメだと思ったら意見を教えてほしい」と言える仲間がいるか? そしてマイナス、ゼロスタート（できれば少しのプラスでのスタートが良いが）でも頑張れる気持ちがあるのか? これが一番重要なことだと思う。

僕がシェルター事業を始めたとき、周りの人からは怪しいからやめたほうがいいと言われたこともあった。実際に数年はまともな実績も出せずにいたので、やらなければよかったと後悔したこともある。

「あいつは失敗した」などと陰口を叩かれ、気持ちが揺れて本当にきつかった。幸いだったのは、事業の開始がプラススタート（新規事業投資は完了し借入れがなく、固定費もかかっていない状態）だったので問題はなかったことだ。

■銀行担当者という心強い存在

中小企業の経営をしていると、金融機関に設備投資や運転資金など何かと相談し、そして融資の申し込みをするのが一般的なのではないだろうか。銀行の営業担当者は一般的に2年から4年で部署や支店が異動になり、その度に新しい担当者とイチから再び信頼関係を構築していくことになる。

僕の場合、新担当者にも自分の気持ちをカッコつけずに話すように心掛けている。案件によっては支店長に話も通して、担当者とお酒も一緒に飲みに行くようにしている。担当者と仲良くなって今後の事業のビジョンを熱く語り、情報交換などをざっくばらんにできる関係になるように心掛けていた。

付き合いで融資を受けたこともあったが、困ったときには親身に相談に乗ってもらい、上席に稟議書を通してもらったりした。思い出に残っているのは、まだ年商5000万円程度の頃に、運転資金をはじめ、たくさんの相談に乗ってもらったことだ。

仕事で使う営業車を、SUVにしようと考えたときがあった。建設現場に行くので車高が高いほうがよいのと、取引先の人を乗車させることが多かったので、商業ライトバンよりも信用度が高くなるのではないかと理由を伝えて全額融資を通してもらった。

別の担当者は、今後の事業計画書や仕事の進め方を一緒になって真剣に考えてくれた。事業計画書のブラッシュアップや、ビジネスプランコンテストへの参加などにも積極的に支援してくれた。

やはり、銀行担当者とは良いお付き合いを構築するのがベストだと考える。絶対に仲間になってもらったほうが得策であると言える。

■自分の生産性のタイムリミット

僕は２０２３年1月で50歳になる。マイナスな感情かもしれないが、「もう50歳なんだ」と思うことが多くなった気がする。

「まだ50歳だから、これからどんなことでもできる」という考え方ももちろんあるが、25歳の人よりも残されている時間は短くなり、可能性は少なくなったと考えることもある。

仮に肩書きや収入は考えず、金融機関に新規で融資を申し込むとするなら、間違いなく25歳のほうが有利だろう。最近は65歳を定年と定めている会社が多いが、それを自分事として当てはめると、定年まであと10～15年だ。しかも年数がどんどん経過することを考えると、生産性が右肩下がりで推移していくグラフが目に浮かぶ。

もちろん人それぞれだと思うので、一概には言えないところもあるが、生産性のタイムリミットを常に意識し、計画的に一年一年を大事に生きていきたい。

しかし、違う考え方をしてみたら、15年という年月は、今から何かを始めて一生懸命に頑張れば玄人《くろうと》になれるくらいの時間でもある。

　もちろん、若い頃よりは肉体的な衰えは感じるが、こうなりたいという目標を明確にできれば、どんなことでも高みを目指すことは可能だし、絶対不可能ではないと考える。

■ブランディングの重要さ

「あの人は、雰囲気やオーラが違う」などと表現されることがあるが、その人の生きざまが、見た目や雰囲気となっているのではないかと考えている。そのように自分自身をブランディングすることによって、周囲の人たちから信頼されるようになり、大きな仕事を任されたりもする。

　また、その大役を全うすることでさらなる信頼を獲得することになり、良い相乗効果が生まれてくると実感している。

　それにはまず、前に書いた「妄想・想像・実行・成果」が大事だ。まず妄想し、想像する。そしてすぐに実行に移す。成果を残せば、次のステップへと自分を進めていく。

これが強い心をつくることに繋がっていく。

僕は、「立ち居振る舞い」や「所作」を大事にしたいと考えている。二つの言葉はほとんど同じ意味かもしれないが、相手に良い印象を与えるためにどのようにすればいいかと考える気持ちが大事だと思う。

建設業界、特に職人の世界で見かけるが、初対面でポケットに手を入れながら片手で名刺を受け取ったり、首だけチョコンと会釈をする人がいる。考え方は人それぞれなので、それらが正しい、間違っているとかではなく、あくまでも僕の感想になるがカッコ悪いイメージを持つ。

職人たちは人前で話したりする機会が圧倒的に少ないし、本人たちも悪気があってそうしているわけではない。それまで誰にも指導される機会がなく、もしかしたら、正しい立ち居振る舞いをすることを望まれてすらいないのかもしれない。

しかし職人がきちんとした立ち居振る舞い・所作ができた上で、仕事をしっかりとこなすとしたら、その職人は次にも指名され、仕事に繋がっていくのではないだろうか。

そのくらい、見た目や立ち居振る舞い・所作は大事で、人に与える印象が変わるということだ。

■一人ひとりに権限を持たせる

人間は誰しも何かしらのプライドがあるはずだ。

チームにおいては、一人ひとりにその場所において、権限を持たせるように心掛けたいものだ。もちろんその権限には大きな役割を果たすものもあれば、ほんの一部分のものもあるかもしれない。大小にかかわらず、権限があることによって、プライドが保たれる。そのプライドがより強いチームをつくるのではないだろうか。

そして個々人の技量や特徴・性格の違いをお互いが認め合い、苦手部分を補い合うようなチームができたら、そのチームはさらに強くなるだろう。

もちろん権限を持たせることで、衝突してしまう可能性があるかもしれない。しかし、ワントップで以下は同列という関係だと、衝突は起きにくくても何かあったときに脆《もろ》いチームになる。自分の経験をチームづくりや経営に役立てている。

■オンリーワン戦略

ナンバーワンとは、同じ立ち位置または同じカテゴリー同士で競争し合い、その結果を順位にした最高位のこと。全てにおいて一番評価が高いという証《あかし》だろう。そしてナンバー2、ナンバー3が、その座を奪おうと猛追してくることが予想できる。しかし、オンリーワンは競争の原理が当てはまらない「唯一無二」、そういう存在だと思う。ものすごく強い個性を引き出し、必要な場面に遭遇したなら他の選択肢が選ばれることがそもそもないのだ。これがまさしくオンリーワンではないか。そこに立っていられるのなら、努力を惜しまずやれることを全力で取り組んでいきたい。

どうしたら、オンリーワンになれるのか?

①誰もやってないことを一番に実行する。

誰もやっていないことを見つけることは難しいかもしれないが、まずは、他者と同じ考えを捨て、やっていることの真逆を考えて、できるかどうか考えてみる。真逆なことを考えることで新しい発想が生まれることがある。これにより、この世界にまだ存在しないモノ・コトに変わっていく可能性は十分考えられる。

　それは、漠然としたイメージで思い浮かぶこともあるが、できるだけ他人にも分かる形にしていくことを考える。それが、世の中に受け入れられるか、また商品価格のバランスがとれているかどうかが商品化には大事である。もし仮に素晴らしい価値のある商品でも、とても高額では購入が難しい。まさに今取り組んでいるシェルター販売がそうである。

②他人にされて、感動する取り組みを独占的に進める。
　感動は活力になる。人が喜ぶモノやコトは、人を動かす力になる。それが、ドライブインシアターだった。多くの人の心を動かすことが成功に繋がった。映画も良かったが、人を楽しませようという思いが人を動かし、市を動かす取り組みとなったのだ。人生において、特別な日をつくることは大事だ。感謝の気持ちを伝え、再認識する日にな

る。特別ではない日にも感動が提供できて、明日を頑張るための原動力の一助になるものを考える。

③少し変だなと思われることにトライしてみる。

つまり、アイディアの発想にブレーキをかけないということだ。ここまでしかできないだろう、これは無理だろうとやめてしまっては、オンリーワンからはほど遠い。大勢が目標とする高い山を目指すよりも、低くても誰も登ったことのない山のほうが登頂の喜びがあり、オンリーワンになれる。

心に決めていること

■資産と幸福度の関係

当時、ありのままの自分に自信がないのか、カッコつけたいという意味もあったのかもしれない。「自分への投資」という大義名分のもと、自分を大きく見せるために、高級車や高級腕時計をたくさん購入していた時期があった。

　高級車、高級時計のほうからすれば、相手（持ち主）を選べなくて可哀想かもしれない（本当の超高級車は、購入者を選択できるらしいが……）。

　その頃は、高級車を購入して2年も経っていないのに、ディーラーの営業担当者から「違うタイプのシリーズがマイナーチェンジしました」「モデルチェンジをする時期になりました」「現在お乗りのお車の査定が高いうちに乗り換えをお勧めします」といった営業トークを掛けられていた。2万キロも走らずに乗り換えを繰り返し、8年間で5台もの高級車を購入した。総額は数千万になってしまった……。

　特段不満があるわけではないにもかかわらず、ただ目新しさや自己満足を高めるためだけに、車を乗り換えていた。無駄なお金を使ってしまっていたと、今となっては思う。

　本当に浅はかな考え方だったたと思う。

　一種の麻薬みたいな感覚だろう。こうなってしまっては車に限らず、事業でも投資の基本である本来の意味や目的が活きず、逆に死んでしまう。欲に溺れると言うが、資本いる。

あの頃の自分が逆にカッコ悪く思えるようになり、今では一般的な営業車を愛用して（事業）を死に向かわせているのではないか。


高級車と同じく、高級腕時計も自分を強く見せる鎧《よろい》とばかりにいくつも購入した。

現在ではスマートウォッチや比較的清潔感のあるクォーツ時計を愛用している。

人気のYouTubeチャンネルを見ていると、「買っちゃいました高級時計〇〇〇万円」「超高級車〇〇〇〇万円！」などの企画をよく目にする。人気YouTuberや芸能人・アスリートたちは、夢を見せる職業だからいいのかもしれない。僕は、あの頃の自分を思い出して、苦笑いをしながら、気を引き締めている。

見栄を張ってもいいことはないと、今は思う。というか、自分には高価なものが必要ないということに気づけたのかもしれない。

「見栄」という言葉を調べたら、周りを意識して、見た目や物事の外観を飾る、上辺を取り繕う、とある。言葉にすると、なんてカッコ悪いのだろう。でも人間は見栄を張りたがる。

なぜ、見栄を張りたがるのだろう。最近は「マウンティング」という言葉が使われるようになったが、おそらく深層心理にはこうした思考が働いているのだろう。周りの評価を高めたいとか、羨ましがられることを目的にしているのだろうが、見栄を張った姿を他人はどう受け止めるのだろうか、考えてほしい。

その姿は、多くの人に良い印象を与えることはないのではないだろうか？　むしろ好感度とは真逆の嫌悪感を強く抱くのではないだろうか？

周囲の人を不快にさせること（振る舞い）で優越感を得たいのならば、それでもよいのかもしれないが、僕には美しく見えない。見栄を張る必要がないのだ。そう意識して発言や行動をしている。これからは、見栄を張って高価な物で飾り立てるよりも、清潔感を大事にしたいと考えるようになった。

▩自分自身の声を聞く

自分なりに努力をしているのに、成果を上げている人と自分を比較してしまう。

以前の僕はそうだった。

何で僕は結果を残せないのだろう。みんなもっと努力しているのか？　それとも偶然チャンスに恵まれているのか？　羨ましいな……と感じてしまうことがある。特に同級生や同業他社などに対しては、この気持ちが顕著に表れる。

例えば、同級生が事業を立ち上げて順調であると別の同級生から聞いたとする。そこで単純に「良かった、おめでとう」と思えればいいのだが、焦りを感じてしまう。僕自身の気持ちが落ち込んでいるときは、相手に対して「上手くいかなければいいのに」なんて考えてしまうことすらある。

こんな考え方をしているようでは、自分を高みに持っていけるわけがないのは当然だ。それでもまずは、僕自身の声を聞くようにしたい。そこで今の自分に満足していないようならば、嫉妬や焦りに繋がるのかもしれない。

現在に至るまでのプロセスも違えば、スタートライン自体が違うのかもしれない。そんな右往左往している自分としっかりと向き合い、自分自身が望んでいる立ち位置は一体どこなのか、自分に問いただしてみる。

目標の立ち位置にたどり着くためには、どのような行動をすればよいのか。

・核となる考えをしっかりと心の真ん中に置いた上で、自分が決めたゴールに向かうために不足しているものは何なのか。
・不足はどうすれば補えるのか。
・補わなくても、他に何か唯一無二のツールを持っているか。

こうした自問自答を大事にしながら、ときには自分を労《いた》わりながら少しずつ前に進めればいいじゃないか。決めるのも自分だし、評価するのも自分。他人と比較することなどないのだ。見栄を張らないようにしようと高級車から普通車に乗り換えても、ふとした瞬間に嫉妬して、他人と自分を比べてしまう。

そして僕自身の目標を定め、「まだまだやれる」「ギブアップはしない」と決めるのも僕なのだ。

■思考を現実化するための行動力

基本的には何をするにしても、僕自身が決めている。

今日は会社で事務仕事をする、今日は新しい仕事を考えてみようなど、決めているのは自分の頭で、思考で全てを判断しているのではないか。

そう、今の僕は、これまでの思考で決めてきた僕だ。

「思考は現実化する」や「引き寄せの法則」という言葉は、実際に考えていることを行動に移しているからこそそのものだと思う。

悪いことばかり考えても、良いことばかり考えていてもダメで、常に未来のなりたい自分になるために行動していきたいものだ。具体的な行動は人それぞれだとは思うが、僕は毎日、「今日も上手くいくように精一杯頑張ります！」とご先祖様と神棚に手を合わせ、感謝の気持ちを込めて宣言するようにしている。

自分に自信がなく、どうしたらいいか分からないときに占いに頼った時期があった。もちろん今でも占いを否定するつもりは一切なく、むしろ信じているほうだ。ただ、全てを委ねるというのもどうかと思っている。

例えば占い師から「今年は何をやっても上手くいきません。今年一年365日を家の中で過ごしてください。買い物など必要最低限の外出に留めてください」と言われたとする。果たしてその言い付けを守れるのだろうか。やはり未来は自ら切り開くものではないか。あくまで僕の考えだが、占いはアドバイス程度に留めておいて、重要なことほど、自分自身で決断をできる強さを持ちたいものだ。

■感謝＝謝罪　ありがとうの魔法

僕自身なかなか上手く表現できるタイプではないが、周りでさまざまなことを何気なく手伝ってくれている人がいたり、反対に自分では気がつかないだけで、人を傷つけているることがあるかもしれないと考えることがある。どんなときでも相手に対して感謝の気持ちを持って接することを心掛け、「いつも申しわけない。本当にありがとう」と言葉にできるような人間でありたい。

ありがとうと言われて、嫌な気持ちになる人は少ないのではないか。ありがとうと伝えることによって、周りも良い雰囲気になるはずだ。そしてそれを言う僕自身も清々しい気分になるので続ける努力をしている。

■ご自愛の方法「アファメーション」

アファメーションとは肯定的な自己暗示のことを言う。きっと上手くいく、そう自分を肯定して、最終的なゴールは〝なりたい自分になる〟ということだ。

そのためには、まず自分で自分を褒める。「よくやったじゃないか」「お前ならきっとやれるさ!」「少し休んでからでもいいから、さあ進もう!」といった具合に、自己暗示をかけ、辛く、苦しい出来事が起きても何とか乗り越えてきた。

こんなことは人に言うようなことではないかもしれないが、とても大事なことだと思う。共有してくれる仲間がいると、さらに肯定感がアップするのではないだろうか。

■孤独=自分の心を聞くための時間

自分と向き合う時間をつくるために、定期的に一人になることを意識している。実際には一人なのだが、僕に質問してくるキャラクターが登場する。それはもう一人の僕自身だ。しかし現実世界の僕とは考え方が少し違う。そしてそのキャラクターはこんなふうに質問してきて、それに対して僕は次のように答えている。

Ⓠ お前、今の僕で満足しているのか？　僕は全然満足していないけど。

――あぁ、確かにお前の言うとおり満足していないさ。毎日一生懸命頑張っているつもりだけど。

Ⓠ 頑張っているつもりで今後の生活ができるならいいかもしれないが、その核心のところはどう考えているんだ？

――そんなこと言われなくたって分かっているさ。だから毎日もがいているんじゃないか。

Ⓠ まぁ、確かにもがいているかもしれないな。でも、ただもがいているだけでは毎日問題なく生活できないよね。

——分かっているよ。だからいろいろなところにアンテナを張り巡らせているんじゃないか。

Q お前が一番弱いところは、ライバルが結果を残したり、一歩先に抜きん出たりすることなんじゃないか。

——うーん。確かにメンタルがボロボロになるかも……。

といった具合のやりとりをする。

他人から見たらただの一人芝居でヤバいやつかもしれない。しかし、このやりとりはオブラードに包まれていない〝本当〟の心の声なのではないか。

この心の声を侮《あなど》ってはいけない。この心の声はその時点で足りないもの、行動に移さなくてはいけないこと、周囲への配慮不足などを「ドS」に伝えてくれるのだ。

このやりとりは、気心が知れている家族や親友でもなかなか言ってもらえないような、核心をついた言葉と認識するようにしている。そして、これは現在の僕の心の中の深くにある潜在意識だ。

基本的には潜在意識に到達すること自体が難しいが、潜在意識と顕在意識のボーダーラインに近いところまで自分に問いかけ、自分の不足を補えることができたらどんなに素晴らしいだろうか。

■出入り口

ものを手放すことによって、新しいものが入ってくるという話をよく聞く。

そう、終わりがきてから始まりがくるのが自然らしい。

確かに、日本語でも「出入り口」となっている。きちんと「出さないと入らない」という意味があるのではないだろうか。例えば、電車やエレベーターに乗るときも出る（降りる）人から先にし、その後に入る（乗る）のが一般的だろう。これが人だったどうだろうか。

その人ごとに、持っている箱の大きさは違うかもしれないが、積み込める量はその人ごとに決まっているのかもしれない。

まず、モノやコトに対して手放すということを決断して整理整頓する。

そうすることによって考えがシンプルになりやすく、複雑になって悩んでいた事柄がどんどん良い方向に進んでいくのではないだろうか。そして本当に掴みたかったモノやコトが入ってくるようになる。もちろん、必要だと考えているモノやコトを手放す必要はない。そういう意識を常に持っていたいものだ。

■コミュニケーションは言葉だけではない

僕の自宅には、現在3匹の猫がいる。皆高齢になってきたが、元気だ。

1匹は保護猫活動をしている方から譲っていただき、残りの2匹は兄弟で、建設現場で見つけた。親がおらず、生まれたばかりで目も開いていなかったので保護した。

毎日疲れて自宅に戻っても猫は優しく迎え入れてくれる。そしてそのほっこりとした姿にどれだけ癒されてきただろうか。15歳になった保護猫は、毎日のように僕の膝の上でゴロゴロと甘えてくる。ただ甘えているのだとは思うが、僕もとても優しい気持ちになれる。お互いに言葉でコミュニケーションをとっているわけではないのに、こんなにも心が通い合っている気持ちになるのは不思議なものだ。

逆に人間同士だと、言葉があることで傷つけ合ったりしてしまう。

コミュニケーションは、笑顔をプラスするだけで良い方向にいく要素が増えるのではないだろうか。

■人生は積み木と振り子

僕の考える人生とは、出来事を一つひとつ積み木のように積み上げて成り立つものだ。では、その積み上げた積み木が少しずつズレていくとどうなるか。

途中で気づいて修正できればいいが、そのズレに気づかずにいると最後には崩れてしまうだろう。一つずつ傾かないように積み上げていきたいものだ。

もし崩れそうならば、積み直せばいい。

人生も同様で、一つずつ積み上げた積み木がズレてくれれば、崩れる前にまた積み直せばいい。

そして人生は振り子のように、悪いほうに振れれば、次は必ず良いほうに振れると信じたい。

人生の道のりで悪い状況だと感じているときは、もうこれ以上悪く振れることは少ないだろうから、これからは良いことが起こると信じて人生を歩んでいきたい。そう前向きに考えるようにしないと、毎日が辛くなってしまう。逆もまた然り。良いほうに振れているときは、調子に乗らず、注意を払って行動したい。これが本当に難しい。出来事がとんとん拍子に進んでいるときは、何もかもが上手くいくように錯覚する。そこに失敗の落とし穴がある。周りの人たちの意見を聞き、悪い方向に大きく振れないように意識したいものだ。

■自分自身を最大の資本と自覚する

僕を含めて人間というのは、心に弱い部分が多く、周りの意見や嫉妬などで傷ついてしまい、なかなか前に進めなかったり、そこで立ち止まって動けなくなってしまったりする。

どうして、こんなに周りから影響を受けてしまうのだろう。僕が考えるに、人間の心は本当に弱いからだろう。自分の考えを否定されようものなら、拒否反応が出て、否定された場所から逃げ出したくなるだろうし、そんな意見は聞きたくもないと考える。ただ、他人様の意見も一つの考え方であることには変わりないので、そういう考え方もあるのだと聞いた上で、取り入れるかどうかは自分で判断すればいい。

一番重要なのは、自分自身がブレることのないように、しっかりとした核となる固い軸を体の中心に置くようにすること。そうすることによって、その軸を基にさまざまな意見を取り入れながら、さらに大きな自分に成長できるのなら絶対にそのほうがいい。自分自身を最高の資本にするという自覚を持ち、自分自身の価値を最大限に高める取り組みを日々コツコツと積み上げていきたいものだ。

■人生の勝算

毎日、単調な日々を送っているのも悪くはないが、できれば人生の勝算が見込める生き方をするほうがよいのではないだろうか。

文章にすると当たり前のように感じてしまうが、これがなかなか難しい。

特に日本人は、周りを気にしたり気を使ったりする性質が染み付いている民族なので、勝利を見込めるプロセスがなかなか描けなかったりする。

一人で勝利のイメージを描くのではなくて、チームやグループもしくは気の合う友人と共に、どういったプロセスを経ることで人生の勝算が見込めるのかを話し合えば、会社で、グループでの勝利を摑み取る一歩になるのではないだろうか。

そうすることによって皆が良い方向に進めるのがベストだ。

■一人ひとりのショートストーリー

人は、一人ひとり生き方や考え方もさまざまで、それぞれの物語が存在すると思う。その物語の主人公が自分自身だ。

よく聞くありきたりなフレーズになってしまったが、本当にそうだと確信している。その主人公が毎日どう考え、今後どう進んでいきたいのか。そのためには、どう行動しなければいけないのか。

人生はショートストーリーの繰り返しだと思う。ドラマや映画が何も変化が起こらない単調な内容だとしたら、つまらないものになってしまう。もちろん変化を望まない人も多いと思うが、今より一歩でも良い方向へ前進したいのならば、ほんの少しでも良いと思える方向へ自らが変化していき、辛いことも一つひとつ解決していくことが大切だ。そして成功体験を繰り返しているうちに、少し高いところまで階段を上っていることに気がつくはずだ。

そんなショートストーリーを繰り返して人生を過ごしていく。全て繋ぎ合わせたときには、一つの最高のストーリーとして振り返ることができ、その主人公になれる。

人と関わるということ

■他人に目を向けない、他人を許す

マイナスのことばかり口にしている人たちがいる。そして、そういう人たちは、その場所にほかの人のことも招き入れようとしてくる。

僕はそういう場面に直面したときは、まず〝自分〟という強いブレない心を持って、できるだけその人たちとは距離を置くようにしている。仕事の関係などでどうしても付き合わなければいけないのであれば、付き合い自体を最小限にすればいい。

過去には、どうしても許せないことをされた経験も何回かある。本当に辛い判断だが、そのこと自体を許してしまったほうが、良い方向に進むと思う。相手もそのことに気づいているはず。今までの経験上、その後、人は優しくなるものだと思う。

■仲間の大切さ

安い価格で多くの仕事を受注してしまった、なんていうことに過去何度か直面したことがあった。最初はテリトリーを死守した安堵感に包まれるが、数日経てば安価で受注した案件を実行予算に組み込む作業に入る。そして何度計算しても数字が合わない……。というか赤字だ。

これでは2次下請け業者も見つからないのではないか。こういう考えに頭が支配されてくると、精神的にかなり追い込まれる。もちろん眠れない日々が続く。

仕事は何でもそうかもしれないが、一人ではできない。人の力を借りないとできない。

そんな窮地に追い込まれたときに、これまで苦楽を共にしてきた仲間たちが儲からない仕事であるにもかかわらず付き合ってくれた。これからもそういう仲間は大事にしていきたいし、恩返しをしていかなければならない。

「刻石流水《こくせきりゅうすい》」という言葉がある。

受けた恩義はどんなに小さくても心の石に刻み、施したことは水に流す。この言葉を意識し、行動していきたいものだ。

■歪み（ゆがみ）と歪み（ひずみ）

「歪《ゆが》み」は、曲がっていること、心が正しくないこと。

「歪《ひず》み」は、あることとの結果として現れた、悪い影響のこと。

人間という動物とは、何とも難しい生き物だ。複雑になりすぎてしまったのかもしれない。

電車に乗ると、座席の両端から埋まっていくという光景をよく見かける。その次に座席の中央、といった具合に、他人との距離を取ることが多い。おそらく無意識に自分の場所（スペース）を確保しているのだ。

他人が自分に近づいて不快に感じない限界範囲のことを、一般的には「パーソナルスペース」と言う。年齢や性別、個々人の感覚によっても、その距離感は違うだろう。あくまで僕の場合だが、スーパーなどの駐車場に車を停める際には、わざと入り口より少し遠い場所を選ぶようにしている。理由は、隣に車を停めてもらいたくないからだ。

ところが、他が空いているのにもかかわらず、あえて隣に車を停めてくる人がいる。こちらが不快な顔をしていても一切お構いなしだ。停めてきた本人からすれば、すでに停まっている車を基準にしているだけなのだろう。こちらの感情は全く関係ない。

このような、ほんの些細な感覚のズレが幾重にも重なり合っていくうちに、歪《ゆが》みが起きるのかもしれない。

その後、歪《ひず》みが生じてくる。まだ歪みが小さな段階で修正できればいいが、どんどんズレが大きくなっていってしまうと、取り返しのつかないことに発展してしまう可能性だってある。これが仕事になると大変だ。よくコミュニケーションをとるようにして、どちらの「歪み」も生じないように進めていく必要があるだろう。

■ギブアンドギブとギブアンドシェア

人に対して厳しくすれば厳しく返ってくるし、争いになることもあるだろう。その反対で、人に対して優しくすればどうだろうか。

人の役に立つ〝何か〟を与えられるようになりたいものだ。

人に与え続けることによって「優しくされた」と感じてくれた人は、与えてくれた人に対してどのように接するだろうか。多くの人は同じように優しく接してくれるだろう。

全員ではないだろうが、最初に「ギブアンドギブ」の精神で周りの人たちに優しくできたなら、自然に「ギブアンドギブ」が「ギブアンドテイク」になるのだと感じる。

また「ギブアンドシェア」という言葉もあり、主に情報を共有するという意味を持つ。現代は、情報を制することが最も有益だと言われており、新しい情報を与えることが互いの利益に繋がっていくのではと考える。

そうなってくると、自然にさまざまなことが良い方向に向いていくだろう。
僕自身なかなかできていないのだが、そう心掛けていきたいものだ。

■楽しく笑顔で、雰囲気の良い人になる

この人は雰囲気が良い、この人はあまり雰囲気が良くないと感じることがある。人によって感じ方は違うと思うが、誰に対しても分け隔てなく良い雰囲気をつくれるように意識したいと考えている。

生きていると辛いことのほうが多く感じてしまいがちだが、とにかく笑顔で、楽しく過ごすようにしたいものだ。

雰囲気が良い人というのは、仕事や人間関係においても良い影響を及ぼすはずだ。

ある会社では入り口のウェルカムボードに「川口篤史様、本日はご来社いただきまして誠にありがとうございます」というメッセージや、雨が降っている日には、「足元の悪い中お越しくださいまして誠にありがとうございます」などと書いて、来訪者をもてなしてくれる。

そのウェルカムボードを見て、嫌な気持ちになる人などまずいないのではないだろうか。その経験を活かして、僕の会社でも真似するようになった。

受注した仕事が終了すると、請求書を発行する。現在では、銀行振込がセキュリティ的にも安心なので主流になっている。大半の場合は、入金していただいた金額を確認して終了になる。昔は全て直にお金を受け取る、いわゆる「集金」をしていた。

僕は、ある方からアドバイスをいただいたことがある。

「昔は集金の際に、現金や小切手・約束手形などの場合もあるが、『ありがとうございました』と必ず言ったでしょ。それが振り込みに変わった途端に、何で『ありがとう』と言わなくなるんだろうね」と。

僕は、動揺した。確かになぜお礼を言わなくなってしまったのだろう。これが逆に入金予定日に入金されていなかったら、大半の会社では経理担当者が「ご入金が確認できませんが、大丈夫でしょうか」と連絡を入れることになるのではないだろうか。

僕は必ず入金のお礼をするようにしている。その際に、ほとんどの方が「入金のお礼の連絡をしてくれるのは御社くらいだよ」と言ってくださる。

こちらも予定通り入金いただけて、お礼の連絡をしただけで感謝までされて、継続してご依頼もいただけるので、これからも続けていきたいと考えている。

今のところお礼の連絡をするという行為自体が良い営業になっているので、機会があれば、この話をするようにしている。

挑戦し続けるということ

■挑戦することの大切さ

まず、「こうなりたい」という自分のイメージが掴めたら、失敗を恐れずにできるだけ挑戦したい。

もちろん、リスクヘッジもとても大事なので、何でも挑戦するということではない。当たり前だが、悪いこと、世の中のためにはならないことはしない。

言葉にするのは難しい。しかし、インスピレーション（直感・ひらめき）を大事にして、挑戦してみよう！

■諦めたらその扉は開かない

僕の好きな言葉に、コンティニュー――つまりは「継続」がある。

何にでも当てはまるかもしれないが、諦めたりやめたりしたら、その時点で扉に鍵がかかり、その扉は開かない。状況によって、力の入れ具合や引き際の見極めは肝心だと思うが、やめた時点で終わってしまうのではないだろうか。

継続することで、手元の資金がものすごい勢いで流出するなどの理由があれば、中止や撤退をすることは適正な判断かもしれない。

しかし、そのような事態に至っていないのであれば、継続するのは悪くない判断だと思う。仕事で言うならば、取引先と一時疎遠になっていても数年後に思い出していただき、依頼されるケースもある。

もし、その時点で、事業から撤退していて依頼を受けられないようなことがあれば、相手に良い印象を与えることはないだろう。継続しているからこそ、相手の期待に応えることができる。

防災シェルター事業を始めて3年は、サンプル注文や細かい部品の注文しか依頼がなかった。ふるさと納税や昨今の情勢などがきっかけになり、県内をはじめ関東圏から問い合わせや見積り依頼、発注をいただけるようになった。まさにファーストコールカンパニーになったというわけだ。

諦めていたら、世の中の流れが変わったときに、せっかくのチャンスがきても扉が開かれることはなかっただろう。

■戦いの方法

最近、僕が見た映画の中で特に共感できるのが、2019年に一作目が公開された日本映画『キングダム』だ。紀元前の中国統一をテーマにして戦乱の世を描いているが、とても学ぶところが多い。

主人公・信は唯一の仲間を亡くし、二人の夢だった天下の大将軍になることを実現するために命を懸けて全力で進んでいく。

そこで、ある大将軍と出会う。その大将軍は、主人公・信に全力で進んで行くだけではダメだということを教えてくれる。ここがとても重要だと感じる。

そう、仕事や公共で発信する場面でも同様だと思う。

これまで僕なりに、がむしゃらになるあまり、他人の意見も聞かず、全身全霊で進めてきた。

しかし、それが本当に正しいのか。一度立ち止まってよく考えてみた。

僕自身の答えとして、「間違ってはいない」という結論に至った。ただ他人に問われると、疑問が残ってしまう。しかし、今行っていることを俯瞰し、感覚を研ぎ澄ますことで、正しいと感じたのなら全力で進もう！　自分を信じて。

■行動しなくてはいけないとき

高校1年生のとき、他校生と挨拶した・しない、などということで殴り合いのケンカになったことがあった。そのとき僕はボコボコに殴られて負けてしまった……。少し凹んでいたときに、クラスの同級生にこう言われた。

「お前このままでいいの？　このままじゃ負け犬じゃん」

僕自身、負けを黙認していたのだ。確かにこのままなら負け犬だ。これでは今後の人生が思いやられる。

何度でも彼に対して勝負を挑むべきではないか。もし負けても、何度でも。気持ちだけは絶対に負けてはいけないのだ。

僕はその他校の生徒の自宅前で、彼が帰宅するのを待っていた。帰ってきたらもう一回勝負したいと考えていた。結果はどうなるか分からない。

結果的に、彼とは仲良くなり友達になった。この一件は、その後の人生に大きく影響したと僕なりに考えている。

鉄筋工事の業界で2次下請けをしていた頃に、2次下請けの中で年功序列のような暗黙のルールがあり、そこから外れた僕は村八分にされたことがあった。2次下請け業者は横の繋がりが強いが、それ故に年長者が権力を握っていることも少なくない。

こうした理不尽な状況に置かれたときには、悪しき風習が残っているような場所を抜け出してしまえばいい。そんなふうに考え方を変えて、別の1次下請け会社の2次下請けとして移籍することにした。

結果的に、新しい世界に踏み込めるという良い経験になった。

■現状維持は衰退の元

先のことばかり考えて、不安に思考を支配されることがある。どうしよう、このままの状況が続いたら、良い方向に行かないのではないか――。

冷静に考えると、これまでの過程や現在の考え方・行動で未来は決まるのだから、今を全力で生きたほうが絶対に未来も良くなるに決まっている。

まさしく〝今この瞬間を生きる〟行動ができるように自分の思考を切り替えて、前へ進んでいきたいものだ。

不安ばかりを考えていると、現状維持どころかマイナスの方向にどんどん進んでしまう。これからは、どんなことでも構わないので、毎日０・５だけでもプラスになることを意識しながら行動できたら、気づいたときには良い方向に向かっているのではないだろうか。

■乗り越えるための目標設定

なりたい自分になるために、目標の設定を3段階に分けてみた。僕はもう50歳になるので、とりあえず長期的な目標設定も短めにすることにした。よって長期的目標は5年程度として、中期的目標を3年程度に設定、短期的目標は1年程度といった具合だ。

5年後の長期的目標は、その頃には外出制限がない世の中になっていると仮定して、日本全国さまざまな場所に赴き、ときには海外も視野に入れた活動をしたいというものだ。全国に防災を普及する活動も行っていきたい。専門工事業の立ち位置を確立したいし、正しい事業承継の啓発活動もしていきたい。やりたいことで溢れている。

次に、そのためには3年後にどんな立場にいなければならないのか。

全国での活動を行うのに必要な窓口の設置、マネジメントしてもらえる人材の確保、さまざまな防災に関する講演、ならびに啓発活動を行うための資料のブラッシュアップ、専門工事業の立ち位置の確立に向けた仕組みの構築など。

そして1年後の僕はというと、具体的な計画書の作成、計画書作成スケジュールの見える化、各事業の進め方や資料づくり、一緒に活動してもらえる仲間への声掛けなど、日々こなさなければいけない仕事以外にこれだけの内容をプラスさせる。そのためには、時間の使い方も非常に重要になる。

■できると信じること

まず何に対してもできると信じることから始めたい。できるに至るまでは、全てにおいて全力で準備をして、不安を少しずつ減らしていく。その不安が消えていかないのであれば、もっと綿密に準備を繰り返す。

そしてその準備が整ったら「絶対にできる」と考える。もう準備万端なのだから。

できないことがたくさんあれば、一度に全てを乗り越えるのは現実的には難しい。ただ方向性の照準を絞って、一つずつの課題を絶対にクリアすると自分自身にコミットすれば、成し遂げる方向に全力で向かっていく努力をするはずだ。

その努力が足りなければ、成し遂げられないだろう。信念を持って取り組めばきっと大丈夫。

■経験値エクスペリエンス

僕はさまざまな経験をしようと行動するタイプだ。

多種多様な団体にも所属している。なぜなら、そこでさまざまな人との出会いや考え方、行動する手段を得られるからだ。

会社と自宅を往復し、週末は自宅に引きこもるという日常を過ごすのももちろん悪いわけではない。

中学校の頃に大好きだったゲームがある。『ドラゴンクエスト』だ。そのゲームは敵をどんどん倒していろいろな場所に赴き、仲間を増やし、さまざまな経験を重ねていく。そしてステージごとにいるボスを倒し、最後に「ラスボス」を倒せば世界に平和が訪れるといった内容だ。

たとえが極端かもしれないが、ロールプレイングゲームは基本的に、敵を倒すなどの〝行動〟を起こさないと強くなれないし、資金も集まらない。もし今その行動を起こせるのなら、自らがその場所に赴き、新しい人たちと出会い、さまざまな経験をしていきたいものだ。

誰しも心の中に、その思いは確実に存在しているのではないだろうか。

ただその気持ちに蓋をしているだけだ。それでは高齢になって動けなくなったときに後悔するだろう。なんであのとき、気持ちに蓋をしたのだろう。あのとき、こんな行動をしておけば人生が変わったかもしれない、失敗してでも挑戦すればよかったと。

今、行動に移せるはずなのに、状況を変えようとしない理由とは何なのだろうか。

■今を好転させる究極のジャッジ

取引先の接待があった日の帰り道、夜の電車は帰宅途中の学生や、会社員で溢れていた。そこに60代ほどのかなり酔った様子の男がやって来て、一人の学生の隣に座った。

そしてその男は、学生にちょっかいを出し始めた。次第に「面倒臭い車両に乗ってしまった」という空気が乗客の間に流れ始めた。学生に「逃げたほうがいい」と仕草で伝えている人がいたが、学生は座ったまま。男はエスカレートしていき、学生に対して馴れ馴れしい態度で接するようになっていった。すると、学生は耐え切れずに、「うるさいんだよ！」と大声で言い放ち、違う車両に移動していった。学生に逃げるように促した人も、うんざりした様子で違う車両へと移っていった。

その後、最悪なことに、その男は周りの乗客にちょっかいを出し始めた。車両にいた乗客の全員が、「面倒臭いなぁ」とおそらく感じていただろう。

これ以上エスカレートしそうなら、毅然とした態度で止めに入ろうと考えていた矢先、少し離れた席に座っていた30歳前後の男性が、酔って騒いでいる男に近づき、「隣、いいですか？」とスマートに座って、相手をし始めたのだ！　こんな解決方法があるとは想像すら出来なかった僕は、とても驚いた。

電車を降りる乗客は皆、その場を解決してくれた男性にお辞儀をして感謝の気持ちを表した。そして酔った男のほうは、男性にいい話し相手になってもらったことで上機嫌になって、早々に電車から降りていった。

僕は、この素晴らしい出来事に遭遇できた喜びを抑えらず、たまたま降車駅が同じになった男性に、すぐに話しかけた。

「学生が困っているのを見て『もうやめろよ！』と言いそうでした。あなたは、殺伐とした状況を絶妙に良い方向に舵を切りました。本当に感動しました！」と熱量を込めて伝えた。彼は、「そんなことないですよ」と言って笑った。

世の中、こんな素晴らしい方がいるなんて！　本当に感動した。そして「今を好転させる究極のジャッジ」だと感じた。

僕自身、このような判断が出来る人間になりたい、そう痛感した出来事だった。

■リスタート

僕が一番尊敬している作家が、喜多川泰先生だ。数ある作品の中でも特に心に響いたものが『株式会社タイムカプセル社』（ディスカヴァー・トゥエンティワン）という作品だ。タイムカプセルに入れた未来の自分に宛てた手紙。さまざまな事情から、タイムカプセルが開封された時に手元に手紙が届かない人もいる。タイムカプセルに入っていた手紙を持ち主に届けるという一風変わった仕事に就いた主人公が織りなすストーリーだが、とても考えさせられる。

学生時代に暮らしていた土地を離れていたとしても、実家の両親が住んでいれば届かないことはない。しかし、「届かない」ということが意図するのは、何らかの理由からその場所にいたくない、今の生活を知られたくないなどの理由だ。そういった事情を抱えている人に直接会って手紙を届ける。その手紙がきっかけとなり、これまでの人生を見直し、リスタートする。

時間が経過すると次第に掲げていた目標を忘れ、日常に流されてしまう。ときには現状を受け入れられない状況に追い込まれている可能性すらある。しかし人は、何度でもやり直せる。そんな風に思わせてくれる作品だ。

何らかの理由があって、どん底を味わった経験は誰しも持っていると思う。そのときは、本当に辛くて苦しくて、何もする気力がなくなってしまう。

僕自身、今まで生きてきた中で数回どん底だと感じたことがある。どん底になったら、あとは這い上がるだけ、新しく始めるだけだ。

しかし、そう思うまでには少し時間が必要かもしれない。

僕がどん底だと感じていたのは、長いときで1年間、全く元気が出ないなんて時期もあった。人に会うことや何か行動を起こすことができずに家に引きこもっていた。

しかしある程度時間が経過すると、僕は不思議とやる気が出てきた。

マイナスと思える時間が、僕にとっては本当に必要だったのかもしれない。

少し前を向けるようになってくると、自分にとってプラスになる情報をキャッチできるようになってくる。

そしてこれからは、始まる未来に希望を持って進んでいこうと思えるようになった。

人生にはやはり波があって、何をやっても上手くいくときもあればその逆もある。気持ちだけは、できる限り前を向いて未来に希望を持って生きていきたい。

■できると思えばできる

これは揺るぎない絶対的な法則である。僕が最も大切にしていることだ。

僕が「できない」と思ってしまっているのなら「できない」のかもしれない。頭の中で「できる」という考え方にならない限り、「できる」というゴールにたどり着けるイメージが絶対と言っていいほど湧かないからだ。

絶対できる、何がなんでもできる方向に持っていこうと頭で考えれば、次のゴールに向けて努力しようという思考に変わるからだ。

それでも結果的に「できなかった」ということも考えられるが、最初からできないと考えているよりもはるかに前進したことになるのではないだろうか。

上手く脳を活用してできるマインドに持っていって、良い結果に近づけたいものだ。

何に対しても「できるマインド」にしてしまえば、あとはそのためにどう行動すればいいのかというステップに上がれる。

「気持ちの持ちようで全て叶う」とまではいかないが、叶える方向に一歩進むことはできる。そして、協力してくれる人が現れるはずだ。

「できる」を信じて、今できることを一つずつ始めていこう。


僕は、今までに良いも悪いも自分で望んでいたかどうかも定かではないが、本当にさまざまな経験をさせていただいたと実感している。お金では買えないような経験を積ませてもらった。その経験を活かし、これから始まる良い未来を想像し、その思考を現実化させるために、僕は何をするべきなのだろうか。しっかりと考え、残りの人生の全てに全力で邁進していきたい。

そしてこれからの「未来を創る」ために、明るいビジョンを描き、さまざまな方たちにとって素晴らしい未来に期待が持てる仕組みを構築していけたら、皆様にとっても、僕にとってもきっと良い人生だと考えることができるだろう。

間違いなく一人ひとりの人生は、とても素晴らしいはずだ。

あとがき

最後まで本書を読んでくださり、本当にありがとうございました。

まえがきにも書かせていただきましたが、若い頃は自分の将来をより豊かにすることを考えること自体がカッコ悪いと思っていたので、「人生どうせこんなもんでしょ……」と毎日をだらだらと生きていました。

将来について何も考えていない僕に、さまざまな考え方や生き方、お金の稼ぎ方をその時々で教えてくれる方たちに出会いました。優しく諭してくれる方もいれば、生き方として見せてくれた方、成功や失敗を身をもって教えてくれた方、ときには厳しく痛みを伴う教えもあったと思います。

しかし、さまざまな苦難を乗り越えられたのも、そうした周囲の皆様の支えや教えがあったからこそだと思っています。何の取り柄もない僕がこれからの人生を考え、これから先のビジョンに真剣に向き合ったからこそ、その場面ごとでキーマンと出会い、良い方向へと導いていただきながら一歩ずつ着実に歩みを進められるようになったと確信しております。この体験を、同世代の方たちと共有できたら幸いです。

僕は本を読むのは大好きでしたが、まさか自分で本を書けるなんて思ってもみませんでした。しかし本を書くのはとても楽しく、現在も執筆活動を続けています。

こんな僕でも何かを成し遂げようと行動することによって、心身が好循環になっていくことを実感し、興味があることに対して教養を身につけたいと考え、現在は通信制の大学に入ることを目指しています。

このマインドが、これからの僕の基盤になると確信しています。

「もう歳だから、これから何か始めるなんて無理だよ」と考えるのはさっきまでの自分です。これから始まる新しい自分と、そのために、何から始めたらいいのかを考えて行動することを意識してみましょう。そう意識を変えることができたのなら、本当のあなたに出会うことができると確信しています。考えを変えるのは自分次第です。

装幀
佐々木博則
本文デザイン
印牧真和

著者プロフィール
川口篤史（かわぐち・あつし）
1973年栃木県大田原市生まれ。建設業の専門工事業に勤務後、個人創業を経て2000年に法人設立。2017年に専門工事業から派生した防災シェルター事業を展開する別法人を設立。2019年に専門工事業を株式譲渡。2020年にふるさと納税返礼品として防災シェルターを登録。2021年ふるさと納税返礼品の個人寄付額全国最高額の１億円を記録。
現在は、二つの法人の取締役として、また連続起業家として、さまざまな活動を行っている。

未来を創る
「攻め」の決断の先に見えるもの

2022年12月31日　第1版第1刷発行

著　者　　川口篤史
発　行　　株式会社ＰＨＰエディターズ・グループ
〒135-0061　東京都江東区豊洲5-6-52
☎03-6204-2931
http://www.peg.co.jp/
印　刷
製　本　　シナノ印刷株式会社

ISBN978-4-910739-18-2